COLEÇÃO
PROJETO DIAMANTE BRUTO
LIVROS CRISTÃOS

Agradeço a Deus, o Pai e meu Senhor e Salvador Jesus Cristo, por todo bem que Deus tem feito por mim. Agradeço ao Deus que me criou e que me salvou. Agradeço ao meu Deus que me remirá de todas as minhas maldades. Agradeço a Deus pelo sangue do Cordeiro que foi derramado na cruz do Calvário, e pelo Espírito Santo que foi enviado. Agradeço a Deus por sua maravilhosa graça e por sua misericórdia.

Agradeço a Deus por sua bondade e por sua fidelidade. Agradeço a Deus pelo seu amor e pela sua justiça. Agradeço a Deus por sua benignidade e por sua benevolência. Agradeço a Deus por sua paciência e por sua longanimidade. Graças a Deus, graças ao único Deus eterno, bendito e verdadeiro. Agradeço a Deus, a Deus somente.

A Deus seja o domínio, o louvor e a glória para sempre. Amém.

FRANCISCO EDSON DA ROCHA
COOPERADOR FRANCISCO
Nº Registro: 890.067 Livro: 1.735 Folha: 300
CONSEQUÊNCIAS

COOPERADOR
FRANCISCO

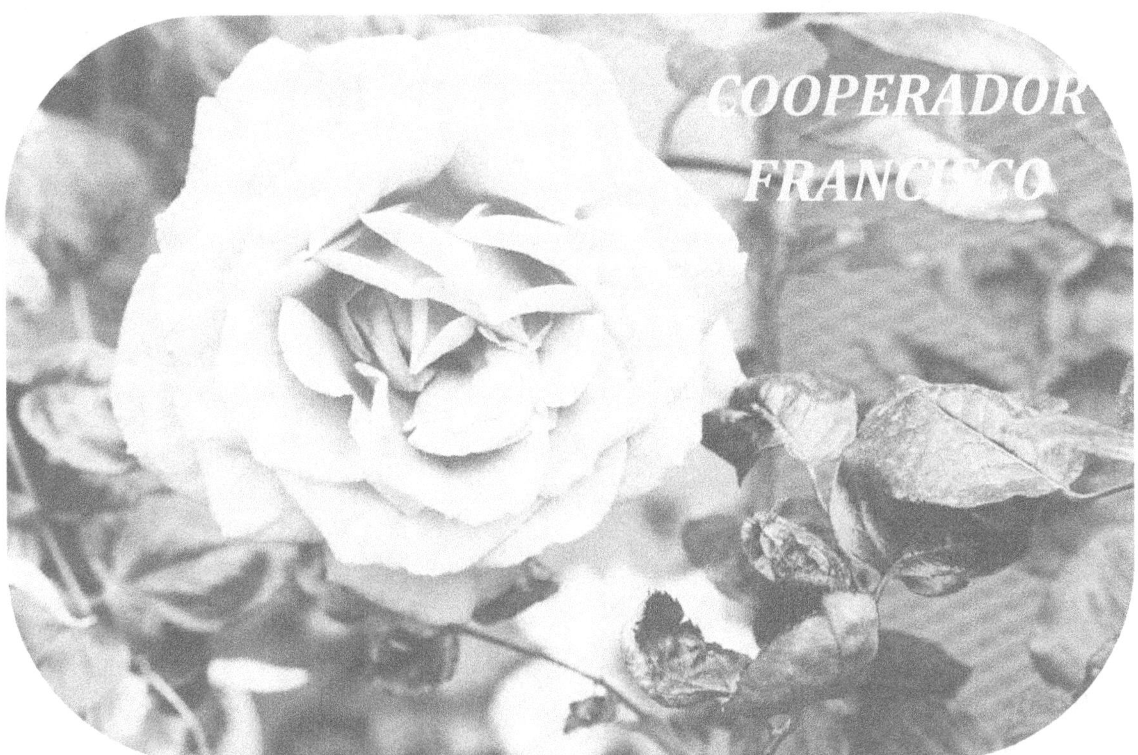

CONSEQUÊNCIAS

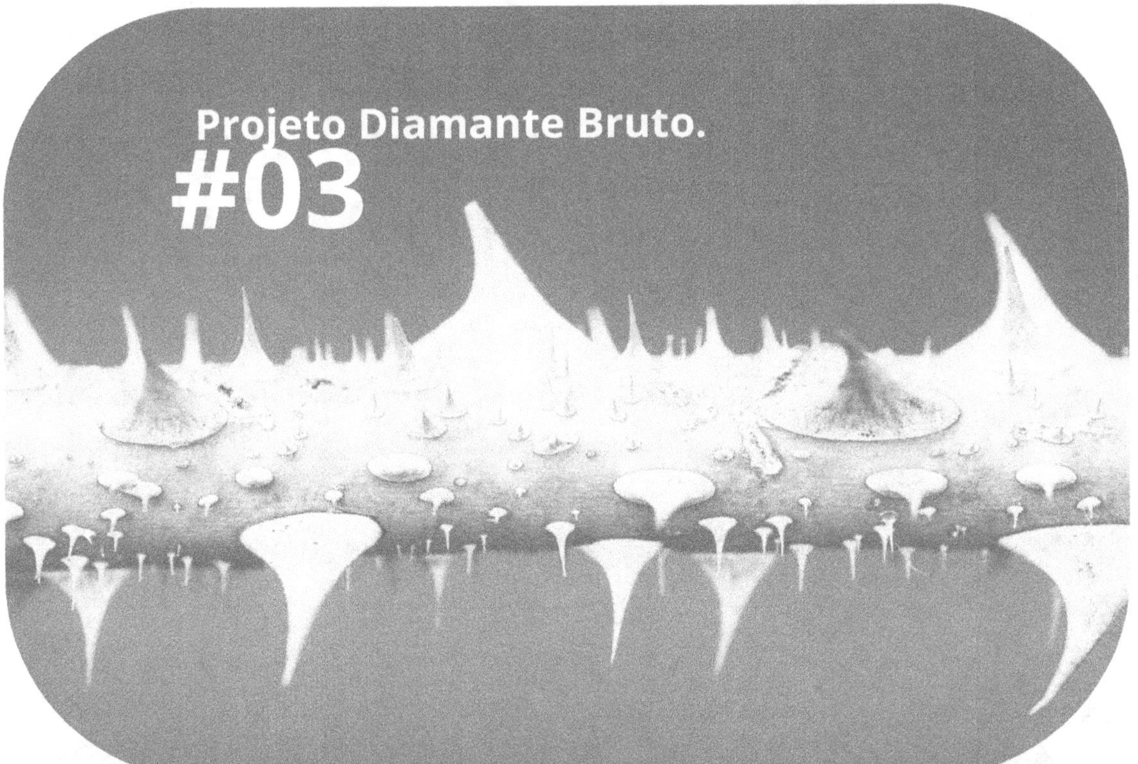
Projeto Diamante Bruto.
#03

COOPERADOR FRANCISCO
(TRABALHADOR DA ÚLTIMA HORA)

Carta à editora: Ribeirão Preto – SP, ano 2025 d.C.

Diz certo ditado: Se correr, o bicho pega; se ficar, o bicho come.

Assim são as consequências dos nossos atos: não há como fugir, não há como driblar, não há como se esconder. Você pode ficar parado esperando ela chegar, ou você pode correr; mas saiba que, mais cedo ou mais tarde, as consequências o alcançarão. É inevitável!

De Francisco Edson da Rocha (Cooperador Francisco), para a editora que certamente foi edificada pelo Senhor – pois Deus é quem estabelece e edifica todas as coisas –, saudações. Que o nosso Deus nos abençoe.

Espero alcançar o meu objetivo, não confiando no homem – pois isso seria inútil para mim –, mas, sobretudo, confiando em Deus. Estou enviando o meu testemunho para ser analisado, e é claro que eu também almejo ser publicado; se Deus quiser, eu serei. Este é o meu terceiro testemunho, e eu costumo usar sempre o mesmo padrão para criar uma espécie de identidade, tipo uma marca, para que reconheçam o meu trabalho. Se bem que isso é uma bobagem, porque basta ver os meus erros gramaticais – isto é, a minha maneira amadora de escrever – para saber que sou eu, o Cooperador Francisco, quem está escrevendo.

Mas deixem os erros e as imperfeições; afinal, eu não estou procurando ganhar nenhum prêmio literário mesmo, só estou querendo, de alguma forma, cooperar com o Deus Altíssimo. Deixem os erros e as imperfeições, pois são elas que tornam o meu trabalho original e único, pois a beleza está nos pequenos defeitos e nos acidentes – e eu sou um acidente.

Veja como um acidente geográfico se torna uma bela paisagem: vales, montanhas, rios etc. E até mesmo uma cidade bem antiga e velha tem sua beleza e seu charme, mesmo havendo metrópoles modernas, sedutoras e iluminadas pelas luzes de néon. Mas eu insisto em escrever, não por minha própria vontade, mas pela vontade daquele que me chamou – a saber, o Senhor Jesus Cristo. Ele é a minha suficiência e inspiração; sem Ele, eu sei que não poderia ter escrito um "A". Por isso, eu continuarei escrevendo, até que Ele coloque um ponto final em tudo. Nem que, para isso, eu tenha que gastar a tinta de sete mil canetas. Mas eu creio que já está acabando.

Ou apenas começando. Não sei, mas o meu Mestre sabe.

Que a boa mão de Deus esteja sobre as nossas vidas para nos abençoar e para prosperar todos os nossos projetos. Glória ao Deus Bendito, Santo, Soberano e Eterno – por Jesus Cristo, nosso Salvador. Amém. Obrigado.

SUMÁRIO

<u>Apresentação.</u>

São poucas as palavras: Aqui diz o insensato, que, por não ter sido íntegro, pecou e cometeu muitas abominações. *"Pequei contra ti, contra ti somente, e fiz o que é mau perante os teus olhos..."* (Sl 51:4)

Por isso, o meu cântico cessou, juntamente com a voz de júbilo.

Com isso, o que sobrou? Restaram somente as feridas.

Como um carro desgovernado e sem freio, assim fui eu: longe do Senhor, sem a direção de Deus. Agi loucamente, quebrei a aliança e profanei o templo. Eu, o cooperador, que não é digno de ser chamado de cooperador; um miserável pecador, indigno do ar que respira, indigno do sopro da vida.

Porque o bem que eu quero fazer, eu não faço; mas sim o mal que detesto. Desventurado homem que sou!

Quem me livrará deste corpo de pecado? É por causa da minha insensatez que eu coloco a minha boca no pó para me humilhar. Não se escandalize com isso, porque assim me convém me humilhar diante do Senhor; pois a vergonha e a humilhação pertencem a mim, que sou mau, fraco e falho.

Mas a justiça, a misericórdia e o perdão pertencem ao Senhor. *"A ti, ó Senhor, pertence a justiça; mas a nós, a vergonha..."* (Dn 9:7)

Mas eu agradeço a Deus, o Pai, e ao Senhor Jesus Cristo, ao Espírito Consolador que pairava por sobre as águas e que hoje anda no meio da igreja, assim como no passado andava pelo jardim do Éden.

O meu Criador e o meu Salvador, que disse: *"Façamos o homem à nossa imagem, conforme a nossa semelhança..."* (Gn 1:26)

O Autor da vida; aquele que, em meio aos tormentos da cruz, disse: *"Pai, perdoa-lhes, porque não sabem o que fazem."* (Lc 23:34)

Sim, o grande Eu Sou; o Verbo da Vida e a única e verdadeira Fonte da vida. O Deus Altíssimo e Todo-Poderoso: *"de quem não sou digno de desamarrar as correias das sandálias."* (Jo 1:27)

A Ele eu me rendo, confesso os meus pecados, me arrependo e lamento; lamento ser o que sou, lamento ter errado tanto. Não me orgulho dos meus pecados, nem me congratulo com os meus erros, nem com as minhas maldades. Porque eu preciso do Senhor tanto quanto preciso do ar que respiro. *"Pois nele vivemos, nos movemos e existimos..."* (At 17:28)

Não posso mais me dar ao luxo de pecar, porque o meu cálice já transbordou de tantos pecados. Com Deus não se brinca; de Deus, não se zomba. Estou fugindo da Babilônia, voltando para o caminho que me leva ao monte Sião, correndo para os braços do Pai. Sou pobre e necessitado.

Deus meu, não me rejeite nem me desampare, porque tu és o meu Senhor, e eu sou o teu servo. Sem mais delongas, comecemos...

ELAS VIRÃO.

CAPÍTULO 01

Ah, as consequências...

É impossível que elas não venham, pois não seria justo se elas não viessem. Mas Deus é justo, por isso, certamente elas virão — tanto para o bem como para o mal. Mas elas podem ser boas, como também podem ser más; nós podemos ter uma boa perspectiva do que virá, como também podemos ter uma horrível perspectiva.

Tudo vai depender dos nossos atos, do bem ou do mal que nós plantamos. Se nós iremos colher rosas ou espinhos?

Não sei, isso vai depender das sementes que plantamos no passado. Mas não se pode colher bênção plantando maldição, e também não se pode colher maldição plantando bênção — é simples.

Como está escrito: *"Quem abre uma cova cairá dentro dela, e a pedra se voltará contra aquele que a rolar."* (Pv 26:27)

Toda ação exige uma reação, portanto, que as nossas ações sejam boas; caso contrário, as consequências, de fato, irão nos machucar.

Eu acredito que ninguém faz algo visando se machucar; pelo contrário, todos os nossos atos são para o nosso próprio bem.

Somos como cães gulosos e egoístas, cheios de boas intenções; aos nossos olhos, todas as nossas ações e intenções são boas e justas.

Mas será mesmo que elas são boas e justas?

Há quem goste de se intrometer em questões alheias, mas não consegue resolver nem as suas próprias questões. *"Quem se intromete em questão alheia é como quem pega um cão pelas orelhas."* (Pv 26:17)

Quem não conhece este ditado: "Quem procura, acha."

Saiba que as consequências virão, mais cedo ou mais tarde.

Então, se você tem sido uma menina ou um menino mau, tema e trema, porque a justiça tarda, mas não falha; a justiça do homem pode até falhar, mas a justiça Divina não — esta jamais falhará.

"Dai atenção ao que ouvis; com a medida com que medirdes também vos medirão, e ainda vos acrescentarão." (Mc 4:24)

E, em relação à justiça vinda do homem, Deus diz:

"Pois ao que tem, mais lhe será dado; mas ao que não tem, até o que tem lhe será tirado." (Mc 4:25)

Que ninguém venha te iludir com superstições, pois há apenas dois caminhos para o homem seguir, que podem lhe trazer vida e paz, ou morte e destruição; e estes dois caminhos são a piedade e a impiedade. O fruto da justiça nos leva à piedade, mas o fruto da injustiça nos leva à impiedade; assim como não podemos colher abacate da laranjeira, assim também não podemos colher salvação da árvore da perdição. Realmente, isso é mais do que certo. *"E o fruto da justiça será paz, e o efeito da justiça será sossego e segurança para sempre. O meu povo habitará em morada de paz, em moradas bem seguras, em lugares silenciosos, de descanso..."* (Is 32:17-18)

Entretanto, para os que seguem pelos caminhos da injustiça e da impiedade, a Palavra viva diz: *"Ai de ti, que destróis sem que tenhas sido destruído, e que ages de modo traiçoeiro sem que tenhas sido traído! Quando acabares de destruir, serás destruído; quando acabares de agir de modo traiçoeiro, serás traído."* (Is 33:1)

De fato, as consequências dos nossos atos virão. Eu mesmo já senti as garras das consequências rasgando a minha carne: vivendo à base de medicamentos controlados, tarja preta — Clonazepam para conseguir dormir e cloridrato de sertralina para aliviar a ansiedade e a depressão. São as consequências de uma vida devassa, porque fui um tolo rebelde — um insensato, e não atentei para a Palavra do Senhor; agi perversamente, plantei espinhos e colhi espinhos.

O que mais eu poderia colher? Flores? Não.

Se eu tivesse plantado flores, então eu poderia colher flores. *"Pois quem semeia para sua carne, da carne colherá ruína; mas quem semeia para o Espírito, do Espírito colherá a vida eterna."* (Gl 6:8)

Como poderíamos alcançar o bem praticando o mal?

Isso não faria nenhum sentido. *"A mulher tola mostra insensatez e não sabe nada. Senta-se à porta de casa ou em uma cadeira, no alto da cidade, e chama os que passam por ali para seguirem o seu caminho: Vinde para cá, os simples! E diz aos que não têm entendimento: As águas roubadas são doces, e o pão que se come às escondidas é gostoso. Mas eles não sabem que ali estão os mortos, e que os convidados dela estão nas profundezas da sepultura."* (Pv 9:13-18)

Eu estou convicto de que Deus é justo e jamais cometerá nenhuma injustiça. Também tenho plena convicção de Sua bondade e de Seu amor. Mas não é porque eu sei que Deus é bom que irei abusar de Sua bondade; não é porque eu sei que Deus me ama que irei abusar do Seu amor. Não. Deus é justo e não tolera injustiça.

Atenção! Pare de brincar com Deus. *"E por que não dizemos, como alguns afirmam com calúnia que dizemos: Façamos o mal para que venha o bem? A condenação destes é merecida."* (Rm 3:8)

Mas, felizmente, nem todas as consequências são más.

Existem também as boas consequências, que virão de acordo com as minhas boas obras e de acordo com os meus bons frutos, de fato.

Muitos dizem que nós somos salvos apenas pela fé e pela graça, independentemente de nossas obras; mas eu creio que não é bem assim. Porque Paulo disse que a nossa salvação é pela fé, mas ele estava falando de uma fé sincera e verdadeira — e esta fé sincera e verdadeira nos leva às boas obras, se o nosso coração também for sincero e verdadeiro. Mas, se a nossa fé não for sincera e verdadeira, assim como o nosso coração, então conseguiremos viver na prática do pecado e na perversidade sem nenhum peso na consciência.

Mas um coração e uma fé sincera e verdadeira, porém, fazem a nossa consciência pesar diante de nossos erros e de nossas maldades.

Esta fé sincera e verdadeira, sim, certamente nos salvará.

Por isso, o Senhor também moveu o Seu servo Tiago para escrever isto: *"Pois assim como o corpo sem o espírito está morto, também a fé sem obras está morta."* (Tg 2:26)

Porque Deus sabia que muitos iriam distorcer as palavras ditas pelo apóstolo Paulo acerca da fé, para viver uma vida de desamor para com o seu próximo, se apoiando nisto: que somente pela fé nós podemos ser salvos — independentemente de nossas obras e frutos.

Ou melhor dizendo: independente de se fazemos o bem ou o mal.

Isso porque se esquecem do principal mandamento ensinado pelo Mestre: *"Amarás o teu próximo como a ti mesmo."* (Mc 12:31)

O que são as obras e os frutos que Deus busca em nós?

Senão a nossa justiça e piedade? E o Senhor Jesus também disse: *"Pois eu vos digo que, se a vossa justiça não superar a dos escribas e fariseus, de modo nenhum entrareis no reino do céu."* (Mt 5:20)

Como nós vimos, uma fé sem obras, de fato, é uma fé morta.

Mas, se você quer correr o risco, fique sabendo que as consequências virão — tanto para o bem como para o mal.

Porque a preocupação do verdadeiro filho de Deus está em ajuntar tesouros no céu, e não em ajuntar tesouros na terra.

Foi isso que o próprio Mestre ensinou: *"Não ajunteis tesouros na terra, onde traça e ferrugem os consomem, e os ladrões invadem e roubam; mas ajuntai tesouros no céu, onde nem traça nem ferrugem os consomem, e os ladrões não invadem nem roubam. Porque onde estiver teu tesouro, aí estará também teu coração."* (Mt 6:19-21)

Muitos são sábios aos seus próprios olhos, pensam que já sabem de tudo, estão sempre prontos a ensinar, mas nunca estão prontos para ouvir e aprender, ou para reconhecer que estão errados. Tais homens nunca irão receber uma nova revelação do Senhor, porque se trancaram dentro do seu próprio conhecimento; pois são sábios aos seus próprios olhos, e por isso rejeitam a verdadeira sabedoria.

"Vês um homem que é sábio a seus próprios olhos? Há mais esperança para o tolo do que para ele." (Pv 26:12)

Eles gostam de debater sobre questões bíblicas, gostam de vencer em seus debates, gostam de ser a voz da verdade, gostam que lhes chamem de mestres, gostam de triunfar sobre seus opositores, gostam de receber o prestígio dos homens — mas não gostam de amar o seu próximo. Por isso, a verdadeira sabedoria lhes é negada.

Porque Deus dá graça aos humildes, mas resiste aos soberbos.

Porque muitos gostam de expor a sua sabedoria apenas por vaidade e inveja. *"Quem entre vós é sábio e tem conhecimento?*

Mostre suas obras pelo seu bom procedimento, em humildade de sabedoria. Mas não vos orgulheis, nem mintais contra a verdade, se tendes inveja amarga e sentimento ambicioso no coração. Essa não é a sabedoria que vem do alto, mas é terrena, animal e demoníaca. Pois onde há inveja e sentimento ambicioso, aí há confusão e todo tipo de práticas nocivas. Mas a sabedoria que vem do alto é, em primeiro lugar, pura; depois, pacífica, moderada, tratável, cheia de misericórdia e de bons frutos, imparcial e sem hipocrisia." (Tg 3:13-17)

Porque a nossa luta não é contra a carne nem contra o sangue — nem tampouco contra os nossos próprios irmãos em Cristo.

Estou certo de que toda disputa teológica só pode ser obra do maligno; porque, no final de tudo, nós iremos morar no mesmo lugar, e lá não poderá haver disputa. Se é assim, o melhor remédio para curar esse tipo de doença é um comprimido chamado amor.

Porque o amor não tem efeitos colaterais, e as suas consequências são boas — as melhores que podemos esperar. Pois o amor cobre muitos pecados; o amor é um caminho sobremodo excelente.

A verdadeira sabedoria está em amar a Deus sobre todas as coisas e amar ao próximo como a si mesmo. Fazendo isso, eu tenho a salvação. Mas é claro que também não posso me esquecer da santidade e da pureza — são estas as obras que Deus procura em nós: a santidade, a pureza, a oração, a adoração, o louvor, o temor, a reverência, o jejum, a retidão, a comunhão, o amor, enfim. Estou falando do verdadeiro amor que vem do Pai, do amor que nos leva à piedade; não estou falando do amor egoísta que há no mundo.

Porque o verdadeiro amor está em obedecer à Palavra de Deus.

"Porque nisto consiste o amor a Deus: obedecer aos seus mandamentos. E os seus mandamentos não são pesados. [...] Acima de tudo, porém, tende amor intenso uns para com os outros, porque o amor cobre multidão de pecados." (1Jo 5:3) (1Pe 4:8)

Sendo assim, se hei de receber alguma consequência pelos meus atos do passado, então que sejam as consequências do amor — e não do ódio. Isso também faz parte dos pensamentos da sabedoria.

Porque, durante o período da minha vida na terra dos viventes, certamente as consequências virão — seja para o bem, seja para o mal. Isso é a plena verdade, não é superstição. *"Ele lhes retribuirá conforme as suas obras; aos seus adversários, ira, e aos seus inimigos, a recompensa devida; ele dará a sua recompensa às ilhas."* (Is 59:18)

Espere sentado ou de pé, faça como quiser — porque elas virão.

As consequências virão. Se você fez o bem, não há motivo para se preocupar. Mas, se você fez o mal, esteja preparado!

CAPÍTULO 02

AGORA AGUENTA.

"O Senhor, o Santo Deus de Israel, diz ao seu povo: Se voltarem para mim e ficarem calmos, vocês serão salvos; fiquem tranquilos e confiem em mim, e eu lhes darei a vitória. Mas vocês não quiseram fazer o que eu disse. Pelo contrário, disseram assim: Não! Nós vamos montar cavalos ligeiros e assim escaparemos do inimigo! Pois fujam, se puderem; mas os cavalos dos inimigos são mais ligeiros do que os seus. Mil de vocês fugirão de um só inimigo que os atacar, cinco inimigos farão com que todos vocês fujam. Os poucos que restarem parecerão um mastro de bandeira sozinho no alto de um morro. [...]

Os assírios ficarão apavorados ao ouvirem a voz do Senhor, ao sentirem o peso do seu castigo. Ao som de tambores e de liras, o Senhor surrará os assírios com o seu bastão; ele mesmo lutará contra eles. Há muito tempo está preparada para o rei da Assíria uma fogueira em que ele será queimado. Ela está num lugar fundo e largo, e há bastante lenha para queimar. Como um rio de enxofre, o sopro do Senhor porá fogo na lenha." (Is 30:15,16,17,31,32,33)

Agora aguenta! Já que você fez a sua escolha — sua péssima escolha —, aguente as consequências, porque o beco em que você entrou não tem saída. Será mesmo que você estava pensando que Deus não estava vendo? Nada pode escapar da visão do Altíssimo!

Quem você pensa que é? O homem invisível?

Mas, mesmo que você fosse invisível aos olhos dos homens, não seria invisível aos olhos de Deus, porque Deus tudo vê e tudo ouve.

Tema e trema, porque o que é seu está guardado.

Foi você quem quis assim. A culpa é sua — não seja um bebê chorão; não culpe o seu Criador pelo mal que caiu sobre tua cabeça.

"Ah, nação pecadora, povo carregado de maldade, descendência de malfeitores, filhos que praticam a corrupção! Deixaram o SENHOR, desprezaram o Santo de Israel, afastaram-se dele." (Is 1:4)

Você teve a oportunidade de fazer o que era certo; no entanto, preferiu fazer o que era errado. Ao invés de buscar o bem, buscou o mal; ao invés de escolher a paz, escolheu a guerra; ao invés de escolher o amor, escolheu o ódio; ao invés de praticar a honestidade, praticou a corrupção. Você feriu, você iludiu, você roubou, você matou, você prejudicou, você maltratou, você enganou, você tramou o mal, você foi egoísta, você não teve misericórdia, você foi uma alma má — do início ao fim. Agora aguenta as consequências.

"Raça de víboras, quem vos ensinou a fugir da ira futura?" (Lc 3:7)

Como você pensou que poderia ficar impune cometendo tanta injustiça e tanta extorsão? Como você pensou que poderia ficar impune amando tanto a violência? Como você pensou que poderia ficar impune engordando em tempos de fome e de miséria? Me diz: como você pensou que se daria bem fazendo negócios com o diabo?

Como você pensou que teria paz e vida virando as costas para o seu Criador? Insensato, agora aguente o peso das consequências.

Qual é mesmo o seu nome? Deixa pra lá, ninguém precisa saber.

Mas triste mesmo é saber que ele não está escrito no Livro da Vida. E, se o seu nome não está escrito no Livro da Vida, não há lugar para você no paraíso. Isso é mesmo algo muito preocupante.

Você não fica nem um pouco preocupado com isso? O que você fará quando a sede eterna aumentar, noite após noite, sem fim?

Quando a esperança entrar em óbito, quando os sonhos morrerem, quando a vida criar asas e voar para bem longe, quando não houver mais remédio para sua dor, quando a paz se tornar um mito? Agora aguenta, porque este foi o resultado da sua impiedade.

"O deserto e a terra sedenta se alegrarão; o ermo exultará e florescerá; florescerá com fartura, exultará de alegria e romperá em cânticos; a glória do Líbano, a honra do Carmelo e Sarom lhe serão dadas; eles verão a glória do SENHOR, a majestade do nosso Deus. [...] E os resgatados do SENHOR voltarão e irão para Sião com júbilo, e trarão alegria eterna sobre a cabeça; alcançarão felicidade e alegria, e a tristeza e o pranto fugirão deles." (Is 35:1,2,10)

Lamento, mas isso não é pra você; poderia ser, mas você não quis. Mas eu te direi o que te espera: *"E executarei grandes vinganças sobre eles, com furiosos castigos; e saberão que eu sou o SENHOR, quando eu tiver cumprido minha vingança sobre eles. [...] Com ira e com furor me vingarei das nações que não obedeceram."* (Ez 25:17) (Mq 5:15)

Não me diga que não conhecia as consequências, porque você conhecia — todos nós conhecemos — porque o Deus justo e fiel as fez conhecidas. *"Mas sua voz se faz ouvir por toda a terra, e suas palavras, até os confins do mundo."* (Sl 19:4)

Por isso, ninguém é inocente, porque todos, do maior ao menor, têm o conhecimento do bem e do mal; e você sabia que as suas obras eram más. Mas aqueles que não nasceram com as suas faculdades mentais perfeitas — essas pessoas, sim, eu acredito que são inocentes. Mas você, tão inteligente e tão perspicaz, que consegue enganar as pessoas com sua conversa cheia de lisonjas; que consegue criar planos bem elaborados para roubar o pobre e o necessitado; que consegue armar ciladas para destruir sem ser pego e descoberto — não, você não é inocente. Pelo contrário, você é culpado, e sabe que é culpado. E não se arrepende porque não quer se arrepender.

"de modo que esses homens são indesculpáveis; porque, mesmo tendo conhecido a Deus, não o glorificaram como Deus, nem lhe deram graças; pelo contrário, tornaram-se fúteis nas suas especulações, e o seu coração insensato se obscureceu." (Rm 1:20.21)

Você pode me enganar e enganar a si mesmo, mas a Deus, jamais.

*"Porque a sua vinha é da vinha de Sodoma e dos campos de
Gomorra; as suas uvas são uvas de veneno, seus cachos, amargos; o seu
vinho é ardente veneno de répteis e peçonha terrível de víboras. [...]A
mim me pertence a vingança, a retribuição, a seu tempo, quando
resvalar o seu pé; porque o dia da sua calamidade está próximo, e o seu
destino se apressa em chegar."* (Dt 32:32,33,35)

Devo te lembrar de que cada célula que forma o seu corpo
pertence a Deus, o Criador de todas as coisas — mas é claro que
você já sabia disso. Porque, se você está vivo hoje, é porque Deus te
sustenta e te dá vida; então, não seja arrogante, pois você só existe
porque Deus te fez existir. Por isso, não pense que o justo castigo de
Deus é injusto. Você, sim, é injusto, porque quer colher o bem
praticando o mal. Mas Deus não é como você — Ele não apoia gente
da sua laia. *"Vocês fizeram essas coisas, e eu fiquei calado; por isso,
pensaram que eu era igual a vocês. Porém agora vou repreendê-los; vou
mostrar-lhes os seus erros."* (Sl 50:21)

Porque Deus ama a verdade e a justiça, a retidão e a integridade.

Mas essas coisas você não tem praticado, nem tampouco se
esforçado em praticar. Porque a justiça e a verdade são pesadas
demais para você, que ama a mentira e a injustiça. Mas o seu ganho
ilícito, no final, não será abençoado; pelo contrário, será uma
maldição que te puxará para o mais profundo abismo ardente, mas é
claro que você já sabia disso — se não sabia, agora está sabendo.

*"Considerai isto, vós que vos esqueceis de Deus, para que eu não vos
despedace, sem que ninguém vos possa livrar."* (Sl 50:22)

Porque o fim daqueles que trocam a verdade pela mentira, a luz
pelas trevas, a sabedoria pela insensatez, a justiça pela injustiça e a
piedade pela impiedade será: a perdição da alma, a escuridão do
abismo ardente, a danação das prisões do inferno, o fogo que não
apaga e o verme que nunca morre, a morte eterna, o lago de fogo, o
fim do ciclo da vida, a morte espiritual — isto é, a segunda morte.

Meus parabéns, esta foi a sua grande e péssima escolha, e Deus há
de respeitá-la — porque Deus é bom e justo, e respeita a sua
vontade. Por acaso você está pensando que o inferno é como um
bordel, cheio de luxúria e de mulheres sensuais, com músicas e com
danças, com drogas e com bebidas, como os prazeres deste mundo?

Se você pensa que lá no inferno tudo é um grande carnaval, e que
o Céu é chato e monótono, você está muito mal informado. Mas, se
você não quiser acreditar em mim, não acredite; faça você mesmo o
teste — mas, depois, você terá que aguentar as consequências. Pois o
filme de terror que mais te assustou até hoje não se compara com o
terror que vai te cercar no inferno; nem o maior sofrimento que você
já passou até hoje se compara com o que você passará no inferno.

Porque, comparada ao inferno, a Terra é um oásis. Se você se incomoda com um dia quente de 40 °C, a ponto de blasfemar contra o Criador pelo calor que está te incomodando, o que você não dirá quando estiver na fornalha do inferno, assando como um churrasco na brasa eterna? Na verdade, você não dirá nada, porque sua voz só servirá para gritar e gemer de tanto tormento — sem pausa nem fim.

"Mas nenhum de vós sofra como homicida, ladrão, praticante do mal ou como quem se intromete em negócios alheios." (1Pe 4:15)

Pois todo aquele que não crê no evangelho já está condenado.

Mas você diz que crê no evangelho. Todavia, as suas obras não condizem com a mensagem do genuíno evangelho de Cristo.

Porque Jesus disse que o caminho que conduz à salvação é apertado, mas você insiste em seguir pelo caminho espaçoso. Jesus disse que todo aquele que quiser segui-lo negue-se a si mesmo — ou seja, negue as suas vontades carnais; mas você quer seguir Jesus andando segundo as suas vontades carnais e seus desejos imorais.

Não é assim que você será salvo; pode acreditar no que falo.

"O Filho do Homem enviará seus anjos, e eles ajuntarão do seu reino tudo que serve de tropeço e os que praticam o mal, e os lançarão na fornalha de fogo; ali haverá choro e ranger de dentes." (Mt 13:41,42)

A sua vida está por um fio, suas obras foram pesadas na balança, seus dias estão contados, não há como fugir das consequências; você ficará em pânico quando o frio começar a subir pela sua espinha.

"Lembre do seu Criador enquanto você ainda é jovem, antes que venham os dias maus e cheguem os anos em que você dirá: Não tenho mais prazer na vida. Lembre dele antes que chegue o tempo em que você achará que a luz do sol, da lua e das estrelas perdeu o seu brilho, e que as nuvens da chuva nunca vão embora. Então os seus braços, que sempre o defenderam, começarão a tremer, e as suas pernas, que agora são fortes, ficarão fracas. Os seus dentes cairão, e sobrarão tão poucos que você não conseguirá mastigar a sua comida. A sua vista ficará tão fraca que você não poderá mais ver as coisas claramente. Você ficará surdo e não poderá ouvir o barulho da rua. Você quase não conseguirá ouvir o moinho moendo ou a música tocando. E levantará cedo, quando os passarinhos começarem a cantar. Então você terá medo de lugares altos, e até caminhar será perigoso. Os seus cabelos ficarão brancos, e você perderá o gosto pelas coisas. Nós estaremos caminhando para o nosso último descanso; e, quando isso acontecer, haverá gente chorando por nossa causa nas ruas. A vida vai se acabar como uma lamparina de ouro que cai e quebra, quando a sua corrente de prata se arrebenta, ou como um pote de barro que se despedaça quando a corda do poço se parte. Então o nosso corpo voltará para o pó da terra, de onde veio, e o nosso espírito voltará para Deus, que o deu." (Ec 12:1-7)

Foi você quem procurou — agora aguenta.
De fato, quando tudo acabar, o nosso espírito voltará para Deus.
Mas quem poderá permanecer com Ele, no seu Reino celestial?
Será que são todos os espíritos que voltam a Deus?
Ou apenas aqueles que fizeram a sua vontade na Terra?
Sim, apenas aqueles que fizeram a vontade de Deus voltarão para Deus. Mas as almas que foram rebeldes serão lançadas para longe de Deus, juntamente com seus corpos espirituais. Agora aguenta!

CAPÍTULO 03

UTOPIA.

"E, quando eu olho, não há ninguém; nem mesmo entre eles há conselheiro que possa responder quando eu lhes perguntar. Todos são uma ilusão. As suas obras não são nada..." (Is 41:28,29)

No devaneio, em um mundo de ilusão, é assim que a humanidade quer viver. Não semeiam, mas querem colher; colhem, mas não querem plantar. Acreditam que tudo, de alguma forma, dará certo no fim. Mas não porque confiam em Deus, e sim porque confiam na sorte e no acaso — como aquela canção que diz: "O acaso vai me proteger, enquanto eu andar distraído. O acaso vai me proteger..."

Eles vivem num planeta chamado Utopia — planeta que eles mesmos criaram para si, para viver dentro de suas próprias regras, dentro de seus próprios conceitos e conselhos. Que triste viver assim, no devaneio. Pelo menos, para mim, é muito triste — porque é uma grande ilusão. Para mim é triste, mas não é nada triste para eles.

Pois eles gostam de sonhar acordados, embarcam no trem da fantasia e descem na estação Quimera. Caminham para o horizonte sem saber para onde os seus passos os levarão, mas nunca olham para cima em busca de uma resposta sensata — isto é, em busca de uma resposta Divina, ou seja, em busca de Deus. Isso eles não fazem.

Eles preferem as utopias. Mas, quanto à verdade, não querem compreendê-la, não se interessam, nem fazem menção de adquirir entendimento sobre o Criador — porque preferem viver na utopia.

Preferem acreditar que não precisam de um Criador, tampouco de um Salvador. Acreditam que, pensando assim, no final de tudo, de alguma forma, tudo terminará bem. Porque, para eles, Deus é uma grande utopia. Mas, na verdade, são eles quem vivem dentro de uma bolha chamada utopia. Pois ignoram as consequências: matam com fúria e pensam que morrerão em paz, numa cama macia; roubam e pensam que ganharão uma recompensa pelo seu roubo; enganam e pensam que sairão impunes; pisam e esmagam os crânios dos fracos e pensam que ganharão uma medalha de méritos. Não temem o futuro, nem as consequências dos seus atos, pois estão certos de que estão seguros dentro de suas utopias — isto é, dentro de suas ilusões.

Mas, na verdade, os que matam com fúria morrerão com fúria; os que roubam também serão roubados; os que enganam certamente também serão enganados; e os que pisam e esmagam os crânios dos fracos também terão seus crânios esmagados. Mas eles são loucos que apoiam loucos em seus devaneios loucos. Não há sanidade na sociedade; ninguém dentre o povo está saudável — ninguém. Estão todos enfermos — delirando com seus mais de 40 °C de febre.

Porém, todos pensam que estão saudáveis, pois, em suas mentes, acreditam que estão seguros dentro de suas utopias. *"Ilumina meus olhos para que eu não durma o sono da morte..."* (Sl 13:3)

Daqui eu vejo um grupo meditando em posição de lótus. Pensam que estão viajando pelo cosmos, mas, na verdade, estão apenas vagando dentro dos seus próprios tórax vazios. O homem se separa da sua mulher fiel, seu grande amor da juventude, para ir viver com sua amante — que também se separou do seu marido leal.

O que eles devem esperar um do outro? Fidelidade? Não mesmo.

Ele sabe que ela não foi fiel ao seu marido, e ela sabe que ele também não foi fiel à sua esposa. Mas, mesmo assim, eles ainda esperam fidelidade um do outro, mesmo sabendo que são infiéis.

Que grande ilusão. Ou melhor dizendo — que grande utopia.

Mas eles acreditam que serão felizes para sempre nessa utopia.

Eu assisti a um filme num passado não muito distante — ou melhor, na verdade, não foi apenas um filme, foi uma sequência de filmes, que eles costumam chamar de franquia. Assisti ao um, ao dois, ao três e ao quatro. O filme era acerca de um assassino chamado *John Wick*. Pensa num filme violento! Muito bem produzido, no entanto, violento demais. Sei que assistir a filmes não é pecado — não se eu não me deixar levar, nem me contaminar, nem ser influenciado pelo que estiver assistindo. Desde que eu tenha consciência de que é só um filme, ou seja, uma história de ficção.

Todavia, melhor eu farei deixando de assistir a certos tipos de filmes. Enfim, assistir a filmes não é pecado, desde que não seja algo em demasia — mas melhor eu farei deixando de assistir. *"Todas as coisas são permitidas, mas nem todas são proveitosas. Todas as coisas são permitidas, mas nem todas são edificantes."* (1Co 10:23)

Mas, como eu ia dizendo, eu assisti a esse filme cujo protagonista era um assassino chamado *John Wick*, que era o melhor na sua profissão de matador de aluguel. Tão temido que tinha o vulgo de Baba Yaga — isto é, o bicho-papão. Ele era o cara que contratavam para matar outro bicho-papão — ninguém podia parar o homem.

Me lembro que, no começo do filme, ele havia abandonado sua carreira de matador por causa do amor de uma mulher. Mas essa mulher que ele tanto amava acabou morrendo, e tudo que lhe restou de lembrança da sua amada foi um cachorrinho que ela deixou para ele antes de morrer. Então, o *John Wick*, que já havia se aposentado, estava de luto em sua casa — ele e o cachorrinho. Era tudo que ele amava na vida: o cachorrinho deixado pela sua falecida esposa e um carro muito estimado por ele. E o que aconteceu no filme?

Um bando de bandidos invade sua casa, mata o seu cachorrinho e ainda rouba o seu carro tão estimado. A partir disso, ele se levanta para se vingar pela morte do seu cachorrinho e para recuperar o carro que havia sido roubado. Então, sem pensar muito nas possíveis consequências, ele acaba voltando à sua velha profissão de assassino.

Ele começa a matar no filme um, segue matando no filme dois, continua matando no filme três e dá sequência à matança no filme quatro. No filme um, ele consegue se vingar dos bandidos que mataram o seu cachorro e roubaram o seu carro. No filme dois, que segue em continuação ao filme um, depois que ele executa sua vingança, tenta voltar à vida de assassino aposentado — mas não consegue — e acaba desencadeando outra sequência de matança.

No filme três, que segue em continuação ao filme dois, ele continua sofrendo as consequências dos seus assassinatos. E no filme quatro, que segue em continuação ao filme três, ele continua matando e sofrendo as consequências de suas escolhas erradas.

Moral da história: tudo que ele mais queria era voltar para sua vida de assassino aposentado. Mas, por causa de sua vingança contra os bandidos que mataram o seu cachorro e roubaram o seu carro, ele desencadeou uma série de acontecimentos que o comprometeram, fazendo dele um homem procurado pela alta cúpula — e sua aposentadoria foi frustrada. Porque, no final do filme quatro, enfim ele consegue pagar sua dívida com a alta cúpula do crime, mas acaba morrendo. (Perdão, acabei dando um *spoiler*.)

O filme é pura ficção, mas, sem querer, eles acertaram o resultado das consequências. Se haverá uma continuação? Quem sabe.

Sei que assistir a filmes não é nada edificante, mas, se houver, com certeza eu vou ficar curioso para assistir. Mas o que estou querendo dizer é que até eu, que conheço as consequências dos erros, torci para que, no final do filme, ele não morresse e conseguisse alcançar a paz e o sossego da sua aposentadoria. Até eu me deixei levar pela utopia do filme, imaginando que tudo, no final, ficaria bem para ele — mesmo ele sendo um assassino impiedoso. Porque, no filme, ele matava um homem como quem mata uma barata. Na vida real, não tem como alguém matar tanto sem receber a punição dos seus atos.

Mas o engraçado é que os produtores do filme acertaram, porque o *John Wick* matou muitos homens, mas também acabou morrendo no final, não tendo um final feliz. Nisso eles acertaram, de fato.

Mas, se tratando de um filme, uma história fictícia, não me impressionaria se ele acabasse bem no final. Porque filme é utopia — mas, na vida real, é bem diferente. Grande parte da humanidade pensa que está dentro de um filme, pois acredita que, não importa o mal que façam, tudo ficará bem no final. Mas a vida não é como um filme. Na vida real, todos os nossos atos geram consequências.

Trocar a verdade pela utopia é mentir para si mesmo — é um grande engano e uma grande ilusão. Mas eu estou certo de que tudo ficará bem para aqueles que buscam o verdadeiro Deus da Bíblia Sagrada e rejeitam as utopias — sim, disso eu não tenho dúvida.

O Senhor Jesus Cristo é o verdadeiro Deus e a verdadeira vida — Ele é o final feliz que todos nós esperamos. Jesus somente; todo o resto é utopia. Se alguém ainda não aceitou Jesus como o seu Senhor e Salvador, essa pessoa está mentindo para si mesma e continua remando contra a maré. Porque não haverá final feliz para aqueles que rejeitam a verdade. Porque o maior mal que o homem pode cometer em sua vida é não reconhecer e não aceitar o sacrifício que o Filho de Deus fez pelo mundo — derramando o seu sangue inocente e puro na cruz do Gólgota, para atrair o homem para a verdade e livrá-lo das utopias enganadoras; utopias que não poderá salvá-lo.

Porque o diabo, o inimigo das nossas almas, é o mentor das utopias. Pois ele é o pai da mentira e faz de tudo para afastar o homem da verdade. Porque ele já está condenado ao fogo eterno — por isso também quer arrastar todas as almas junto com ele para o fogo eterno. Pois o fogo eterno, infelizmente, não é uma utopia — é uma realidade. Porém, o homem prefere ignorar essa dura realidade.

Pois os homens se escondem da realidade e fazem de suas utopias um esconderijo onde pensam estar seguros, enganando a si mesmos.

Pois ignoram o perigo iminente, tapando o sol com a peneira.

Se continuarem assim, vão queimar juntamente com suas utopias.

E esta será a consequência de suas utopias: o fogo eterno. *"O ímpio gera a perversidade, concebe a maldade e dá à luz a falsidade. Quem abre uma cova e a torna mais profunda, acabará caindo na cova que fez. Sua maldade recairá sobre sua cabeça, e sua violência atingirá seu próprio crânio. Eu louvarei o SENHOR segundo sua justiça e cantarei louvores ao nome do SENHOR, o Altíssimo."* (Sl 7:14-17)

Graças a Deus que me libertou da utopia.

CAPÍTULO 04

DONS TRANSFORMADOS EM MALDIÇÕES.

O homossexualismo certamente tem crescido bastante nestes últimos dias; uma grande abominação que não para de crescer.

São homens andando de mãos dadas com outros homens, se beijando e fazendo carícias de amor em plena praça e ao ar livre, no meio de crianças e idosos. Já não se importam mais com isso, pois isso já se tornou uma coisa comum. Eu vejo meninas jovens beijando e abraçando outras meninas jovens; vejo mulheres maduras que se divorciaram dos maridos e hoje mantêm relações homoafetivas com outras mulheres. Os filmes, as novelas e as séries adoram incentivar essas coisas — e fazem isso a mando do príncipe do mundo. De fato, não há como conter isso: o mal já está feito e não para de crescer.

Mas, no tocante aos cristãos que saíram do armário, assumindo a sua homossexualidade — abandonando assim os caminhos de Deus —, eu acredito que eles foram precipitados quando assumiram ser homossexuais. Acredito que eles podem ter recebido um dom, mas transformaram esse dom em maldição, tornando-se homoafetivos.

— *Mas como assim, um dom?*

Isso mesmo, um dom especial, como está escrito: *"Porque há eunucos que nasceram assim; e há eunucos que foram feitos assim pelos homens; e há outros que a si mesmos se fizeram eunucos por causa do reino do céu. Quem puder aceitar isso, aceite."* (Mt 19:12)

— *Mas o que é eunuco?*

Eunuco é um homem castrado, que perdeu seu órgão masculino, impossibilitando-o de manter relações sexuais com mulheres e gerar filhos. Em outras palavras, eunuco é um homem que foi capado.

No passado, os reis costumavam castrar os meninos, transformando-os em eunucos, para que eles, depois de adultos, tivessem a responsabilidade de proteger e cuidar do seu harém de mulheres. Para que não houvesse o risco de o cuidador do harém tirar uma casquinha das mulheres do rei, por isso ele era capado, tornando-se um eunuco. Jesus disse que há homens que já nasceram eunucos; ou seja, nasceram com o dom de não sentir atração sexual por mulheres. *"Porque há eunucos que nasceram assim..."* (Mt 19:12)

E há outros que se fazem eunucos por amor ao evangelho, para servirem melhor a Deus em sua maravilhosa obra. *"...e há outros que a si mesmos se fizeram eunucos por causa do reino do céu."* (Mt 19:12)

Porque, para aqueles que querem servir ao Senhor com mais dedicação, nascer eunuco é um dom; mas muitos não entendem e transformam esse dom em maldição. Pois a sociedade ignorante já moldou a mentalidade das pessoas que vivem neste mundo que jaz no maligno — e o maligno, como sempre, tira vantagem da situação.

Porque a grande maioria das pessoas pensam deste modo:

— *Se ele não gosta de mulher, logo, ele deve gostar de homem.*

E, desde a infância, a criança cresce pensando que há algo de errado com ela. E, quando entra na adolescência, sente que não é como os outros garotos, pois não sente atração pelas meninas como os outros garotos sentem. Então, sentindo-se pressionado pelo padrão de vida da sociedade — confuso com seus sentimentos —, ele pensa: — *Se eu não gosto de mulher, devo gostar de homem.*

E aquela pessoa que nasceu neutra, em relação aos desejos sexuais, acaba se rendendo aos pensamentos da sociedade ignorante.

E o diabo tira vantagem da situação.

A serpente que enganou Eva, vendo que nasceu uma criança neutra (um eunuco), envia um espírito de homossexualidade para trabalhar na vida daquela pessoa, fazendo-a pensar que não gosta do sexo oposto porque nasceu num corpo errado. E coloca na cabeça do menino que ele é uma menina, ou que ela é um menino.

Porque essa ideia de que a pessoa precisa ter um parceiro ou uma parceira para viver junto nesta vida é um pensamento que já está enraizado na sociedade. Por isso, sentindo a pressão, ele pensa:

— *Não posso viver sozinho, preciso ser como o restante das pessoas, mas não sinto atração por mulheres; talvez eu goste mesmo de homens.*

Porque o diabo, com a ajuda da sociedade, conseguiu convencer aquela alma de sua homossexualidade. Mas eu não acredito que ele tenha nascido homossexual, e sim um eunuco — isto é, neutro no quesito amor e sexo. *"Quem puder aceitar isso, aceite."* (Mt 19:12)

Porque Jesus falou que há homens que nascem eunucos; não falou que há homens que nascem homossexuais — e Deus não pode mentir. Porque Deus é bom e justo, e concede dons aos homens para abençoá-los — não concede maldições para castigá-los. Deus não faz isso; isso é obra do maligno e da influência da sociedade, que quer cobrar dessas pessoas especiais algo que elas não têm para dar.

Porque nasceram com um dom diferente das demais pessoas.

Então, se você, cristão, se vê em um impasse em relação ao seu gosto sexual, não pense como a sociedade pensa. Viva sozinho, viva para Cristo, aceite o seu dom e viva no celibato, porque dom para isso você tem. E nem todos podem ter as vantagens que você tem.

Então, aproveite a liberdade que você tem em Cristo, porque nascer eunuco não te torna menos homem do que os outros homens.

Inspire-se na vida do Senhor Jesus e seja santo como Ele foi santo. Se você não sente a necessidade de ter um relacionamento a dois, ou seja, de se casar, não saia procurando sarna para se coçar.

Pois, para um filho de Deus, não sentir tais desejos é uma grande vantagem na luta contra o tentador — não jogue essa vantagem na lata do lixo. *Irmãos, digo-vos, porém, isto: O tempo se abrevia. Assim, os que têm mulher vivam como se não tivessem..."* (1Co 7:29)

Porque Deus tem um chamado específico para casos específicos.

Mas isso é uma dádiva que poucos podem ter — uma dádiva que muitos desprezam. *"Desejaria que todos os homens estivessem na mesma condição em que estou. Mas cada um tem o seu dom da parte de Deus, um de um modo, e outro de outro. Digo, porém, aos solteiros e às viúvas que lhes seria bom se permanecessem na mesma condição em que estou. Mas, se não conseguem dominar-se, que se casem. Porque é melhor casar do que arder de paixão."* (1Co 7:7-9)

Pronto, o tabu do homossexualismo foi quebrado, graças a Deus.

É claro que nem todos os casos são os mesmos, mas eu falo aos cristãos e não ao mundo: se você não sente atração por mulheres, não tire conclusões precipitadas pensando que nasceu homossexual, porque você não nasceu homossexual — e sim um eunuco.

Não transforme seu dom em maldição, pois isso lhe trará sérias consequências; e eu já disse: não há como correr das consequências.

Como alguém que recebeu talento para cantar e para compor músicas, é triste, mas há muitas almas se perdendo por causa dos seus próprios talentos. E não falo apenas de cantores seculares; também falo de pessoas que se converteram a Deus através do evangelho e começaram a usar o seu talento para servir ao Senhor.

E isso não é mau, é algo muito bom, porque os louvores, além de exaltar a Deus, cooperam muito em sua obra. Entretanto, muitos perdem o foco e a essência de servo na metade do caminho, quando começam a se destacar por causa do seu dom e das suas músicas.

Muitos acabam pensando que são estrelas e artistas, perdendo assim o real objetivo do seu chamado e da sua missão em servir a Cristo. Porque se tornam gananciosos ao adquirir fama e começam a cobrar um alto preço para cantar nas igrejas. E não são só os cantores que agem dessa forma, mas também os pregadores, que receberam dons de Deus para servi-lo em sua obra, mas agora estão se aproveitando do seu dom para tirar vantagem e lucrar na obra de Deus. Pode até ser que sejam salvos, mas é como o Senhor disse:

"Em verdade vos digo que já receberam o seu galardão." (Mt 6:16)

Ora, é o mundo quem age assim em relação às suas celebridades, mas a igreja não deve ser como o mundo. Porque no mundo é assim: quanto mais fama o artista alcança, mais ele lucra por sua fama.

Mas nós sabemos que o mundo jaz no maligno. A igreja, porém, não jaz no maligno — a igreja é o corpo de Cristo. No entanto, a igreja trata os seus artistas como o mundo trata os seus. Isso é algo que não deveria acontecer, pois o único Artista da igreja deve ser o Senhor Jesus Cristo, e mais ninguém. Mas, igualmente aos ídolos do mundo, os ídolos da igreja, quando percebem que estão famosos, também se veem no direito de lucrar com a fama — e isso é errado.

Pelo menos, para os verdadeiros servos de Deus, é errado. Porém, para os corrompidos, não há mal nenhum nisso.

Mas quem tem a mente de Cristo sabe que isso é errado.

E muitos têm até empresários e uma equipe trabalhando por eles para dar conta de suas agendas de shows nas igrejas. Na minha opinião, esses tais servos de Deus perderam o foco do evangelho, perderam a essência do que é servir ao Senhor — por causa da cobiça e da ganância. Porque o que não falta são empresários abutres, que ficam rondando os talentos da igreja como o urubu ronda a carniça. Mas estes receberão um castigo maior, disso eu não tenho dúvida. Porque, por causa deles, os artistas da igreja trocaram a unção pelo cifrão e também estão fazendo como o mundo faz.

Como eles querem ser justos agindo com injustiça?

Cobrando três, quatro, cinco, dez, vinte, quarenta mil para ficar em cima do altar da igreja por apenas uma hora. Será que eles pensam que são melhores do que o restante do povo da igreja?

Porque, para aqueles que querem servir ao Senhor, esta é a sua ordem: *"Nada leveis convosco para o caminho, nem bordões, nem alforje, nem pão, nem dinheiro, nem tenhais duas vestes."* (Lc 9:3)

Jesus disse isso para que os seus discípulos tivessem confiança em Deus e confiassem na sua provisão — e em mais nada. Mas, hoje em dia, há muitos que dizem que são servos de Cristo; mas confiam mais no dinheiro das suas contas bancárias do que em seu próprio Deus. Porém, nenhum deles admite essa dura verdade. Porque o que muitos ganham em uma hora, a maioria do povo não consegue ajuntar trabalhando durante a sua vida inteira. Acha isso justo?

Mas é pelo trabalho duro do próprio povo que esses artistas ganham tanto em tão pouco tempo. Mas eles pensam que, porque são famosos, também merecem ser ricos; pensam que Deus é obrigado a lhes dar uma vida de luxo, só porque eles se destacaram no meio da igreja. Entretanto, a igreja e os líderes do povo também têm uma grande parcela de culpa, porque, se não tratassem esses artistas com tanta pompa, transformando-os em ídolos, eles não agiriam de tal forma. São dons que se transformaram em maldições.

Cuidado para que o seu dom não se transforme em maldição, pois isso lhe trará sérias consequências. E não podemos correr nem nos esconder das consequências — elas te alcançarão cedo ou tarde.

De fato, tudo que é excessivo acaba corrompendo o coração do homem. Quando eu falo "homem", também me refiro à mulher. Pois o ser humano é fraco — isso devido ao mal que há em sua carne, que é fraca. Por isso, ele se corrompe tão facilmente. *"E o Senhor viu que a maldade do homem na terra era grande, e que toda a imaginação dos pensamentos de seu coração era continuamente má."* (Gn 6:5)

Muito dinheiro corrompe, muita fé corrompe, muita inteligência corrompe, muita força corrompe, muita fama corrompe, muito talento corrompe, muitos dons corrompem, muito conhecimento corrompe, muita felicidade corrompe, muita alegria corrompe, muito poder corrompe, muito entendimento corrompe, muito amor corrompe, muita paz corrompe, muita sabedoria corrompe, muita autoestima corrompe, muita bondade corrompe, enfim. Porque tratando-se do homem feito do pó da terra, tudo que é excessivo corrompe. Por isso, é fundamental que o homem seja equilibrado.

Caso contrário, de alguma forma ele acabará se corrompendo.

Não posso me esquecer da liberdade, porque muita liberdade também corrompe; pois muita liberdade acaba se transformando em libertinagem. E o que há de cristãos libertinos, enfim...

— *Mas como a paz, a alegria e a felicidade podem corromper?*

Tratando-se da carne, até as boas virtudes podem corromper.

Porque uma pessoa com muita paz, muito amor, muita alegria e muita felicidade certamente também se achará muito especial e, a partir disso, acabará se corrompendo, porque a carne é fraca. E ela iria pensar que tem a solução para a tristeza e para as dores da vida terrena, dando origem a mais uma seita, na qual ela se torna uma espécie de guru iluminado e especial, diferente do resto das pessoas.

Por isso, eu rejeito a ideia de que, na vinda de Cristo, quando houver o arrebatamento, este corpo cheio de corrupção, feito do pó da terra, será transformado e subirá ao céu: não, eu rejeito isso.

Rejeito passar a eternidade fadado a um corpo que só se inclinou para o mal durante toda a minha vida. Pois está escrito que Deus é espírito, e também diz que nós seremos iguais a Ele: *"Deus é espírito, e importa que os seus adoradores o adorem em espírito e em verdade. [...] Sabemos que, quando Ele se manifestar, seremos semelhantes a Ele, porque havemos de vê-lo como Ele é."* (Jo 4:24) (1Jo 3:2)

Há outras versões da Bíblia que dizem que Deus é Espírito, o que eu acho errado, porque Jesus não está falando da pessoa do Espírito Santo, mas está falando da essência de Deus, que é um Ser espiritual.

Por isso, eu creio que nós também seremos espírito, igual a Deus.

E, sendo espírito, não haverá mais problemas em ser excessivo.

Ou seja, a paz, a alegria, o amor e a felicidade poderão ser algo excessivo em nossa vida eterna, porque este corpo corruptível, feito do pó, retornará ao pó. Redenção perfeita e completa — esta é a grande esperança do corpo de Cristo: ficar livre deste corpo cheio de corrupção. *"Isto afirmo, irmãos: que a carne e o sangue não podem herdar o Reino de Deus... [...] Semeia-se corpo natural, ressuscita corpo espiritual. Se há corpo natural, há também corpo espiritual. [...] porque tu és pó e ao pó tornarás."* (1Co 15:50) (1Co 15:44) (Gn 3:19)

Porque isso de haver a ressurreição dos mortos na volta de Cristo é só uma metáfora, pois os corpos dos mortos que estão nos túmulos não serão refeitos — isso seria algo muito bizarro. Mas os que estão vivos no paraíso, já em seus corpos espirituais, sairão de debaixo da terra, onde se encontra o paraíso, e se encontrarão com o Senhor nas nuvens. Ou vocês pensam que os que morreram em Cristo estão em um sono profundo, esperando Jesus voltar para ressuscitar? Não, os que morreram em Cristo estão vivos no paraíso, em seus corpos espirituais, aguardando o Dia do Senhor. Porque, se não há corpo espiritual, os que estão vivos no céu são o quê? Umas fumacinhas?

Não, os que estão vivos no paraíso têm corpos, assim como os que estão no inferno também têm corpos espirituais. Por isso, a Palavra diz que os que estão mortos em Cristo ressuscitarão primeiro; depois, os que estiverem vivos sairão dos seus corpos terrenos, indo na direção do Senhor em seus corpos espirituais.

Esta é a transformação revelada: deixaremos de ser carne para ser espírito. Segundo a Palavra de Deus, essa transformação é uma metáfora — assim como a ressurreição dos mortos, que também é simbólica, porque os santos não estão mortos, portanto não precisam ser ressuscitados. Estão vivos, e mais vivos do que nunca.

Pois todos os que morrem em Cristo estão vivos em Cristo. Mas os que estão vivos na carne, isto é, fazendo a vontade da carne, estão mortos em Cristo. Porque tudo que procede da carne corrompe.

Mas, mudando de assunto, há pessoas que ainda têm dúvidas sobre o álcool, e pensam: — *Será que beber bebida alcoólica é pecado?*

Sim, beber bebida alcoólica é pecado, porque a Palavra nos revela isso. Pois os bêbados não herdarão o Reino de Deus, nem os que vivem no hábito da bebedice. Porque ninguém que bebe, bebe para ficar sóbrio, todos bebem para se embriagar. *"Nem bêbados, nem maldizentes, nem roubadores herdarão o Reino de Deus. [...] Invejas, bebedices, glutonarias e coisas semelhantes a estas, a respeito das quais eu vos declaro, como já outrora vos preveni, que não herdarão o Reino de Deus os que tais coisas praticam. [...] Porque basta o tempo decorrido para terdes executado a vontade dos gentios, andando em dissolução, concupiscências, borracheiras, orgias, bebedices e em detestáveis idolatrias."* (1Co 6:10) (Gl 5:21) (1Pe 4:3)

Porque a vontade de se embriagar é concupiscência da carne.

E, como eu já falei antes, eu repito: tudo que é concupiscência da carne é pecado. Mas sei que certamente algum beberrão irá dizer:

— *Mas Jesus transformou água em vinho, e muito vinho.*

Quando Jesus transformou a água em vinho, o povo ainda estava debaixo da lei e, segundo a Lei de Moisés, beber não era pecado.

Mas, para os que estão debaixo da graça, sim, beber é pecado.

"E não vos embriagueis com vinho, que leva à devassidão, mas enchei-vos do Espírito..." (Ef 5:18)

Porque a vontade de beber bebida alcoólica é concupiscência da carne para aqueles que querem se embriagar, e tudo que vem da vontade da carne é pecado. E todo pecado gera consequências.

Podemos dizer que o vinho é bom, mas, por causa da fraqueza da carne, o vinho acabou se tornando um mal. O vinho também é um dom que se transformou em maldição, por causa do pecado original.

O sexo também é uma dádiva, dentro do casamento, entre um homem e uma mulher; todavia, o sexo também se tornou uma grande maldição, uma coisa impura, devido aos desejos desenfreados da carne. São dons que se transformaram em maldições, por causa da maldade do próprio homem; mas o homem receberá o pagamento pelo grande mal que cometeu. Porque o fim do reino dos homens está próximo, o Dia do Armagedom está mais perto do que nunca.

As consequências da rebelião dos homens serão avassaladoras, pois não se pode evitar o inevitável. Serão apenas duras e amargas consequências. Porque o homem transformou o que era bom em algo mau; transformou água doce em água amarga; transformou luz em trevas; transformou dons em maldições. Tudo isso gerou um grande número de consequências — e, certamente, as consequências virão.

Para o remanescente fiel, eu digo: vigia e não perca o foco da sua salvação. Porém, para os super-homens de Deus, que gostam de liderar a igreja como guias de cegos, eu digo: se você é fraco e, ainda assim, confia em si mesmo, não peça nenhum dom espiritual a Deus, senão o dom do amor; porque todos os outros dons, provavelmente, irão te corromper. E, se você se corromper, as consequências virão com tudo. Por isso, antes de buscar qualquer dom, busque primeiro o dom do amor. Porque, se você alcançar o dom do amor, os outros dons não irão te corromper; mas, sem o dom do amor, os outros dons, de fato, irão te corromper — falo isso para o seu próprio bem.

CAPÍTULO 05

ELAS TAMBÉM ME ALCANÇARAM.

"Se o SENHOR não estivesse ao nosso lado, Israel que o diga: Se o SENHOR não estivesse ao nosso lado, quando os homens se levantaram contra nós, eles nos teriam engolido vivos, quando se enfureceram contra nós; as águas nos teriam encoberto, e a torrente teria passado sobre nós; sim, as águas impetuosas teriam passado sobre nós! Bendito seja o SENHOR, que não nos entregou, como presa, aos dentes deles. Como um pássaro, escapamos do laço dos que caçam passarinhos; o laço se rompeu, e nós escapamos. Nosso socorro está no nome do SENHOR, que fez os céus e a terra." (Sl 124:1-8)

Havia dias difíceis, dias nebulosos, dias de desânimo, dias de depressão, dias em que eu mal conseguia me levantar da cama pela manhã. Sim, elas haviam me alcançado: as consequências.

Eu só estava colhendo o mal que eu mesmo havia plantado, de fato. Quando eu me olhava no espelho, via um homem quebrado.

As consequências me arrasaram; as consequências me trouxeram dor e sofrimento. Por que será? Essa é uma pergunta muito fácil.

Porque eu fui um homem mau e fiz o que era mau aos olhos do Senhor. E isso desencadeou muitas consequências, e não havia como fugir delas. Elas estavam por toda parte, me esperando a cada manhã, sentadas à beira da minha cama, sorrindo para mim com um olhar de deboche. E eu não podia fazer nada, senão aguentá-las.

Já me vi dentro do olho do furacão, sem nenhum exagero. Se eu não tivesse errado tanto em minha vida, as coisas teriam sido bem melhores. Eu sou uma prova viva de que as consequências existem.

Mas Deus é bom e misericordioso, por isso as consequências dos meus erros não me destruíram totalmente — mas, em parte, sim.

As consequências do mal que eu pratiquei provocaram muitas feridas em mim. Com o tempo, a dor é amenizada e as feridas cicatrizam; mas as cicatrizes deixam marcas — marcas bem visíveis.

Elas me alcançaram e, por mais que eu tentasse, não pude contê-las. Porém, a esperança é um bom remédio em tempos de angústia.

Mas é preciso ter fé para ter esperança, e a fé é um dom de Deus. *"Conforme a medida da fé que Deus repartiu a cada um."* (Rm 12:3)

De fato, foi a minha fé que me salvou, pela graça de Deus, somente. *"E disse-lhe: Levanta-te e vai; a tua fé te salvou."* (Lc 17:19)

Deus me mostrou um caminho onde não parecia haver nenhum caminho. Ele derrubou as paredes do beco sem saída em que eu estava. Isso porque tive fé — e a fé remove montanhas, montanhas impossíveis de serem removidas aos olhos dos homens, mas não aos olhos de Deus. Porque, para Deus, tudo é possível. Tudo mesmo.

Ele é um porto seguro em dias de tempestade.

Ele não impede as consequências, porque é justo. Todavia, Ele te fortalece e te ajuda a passar pela tribulação do dia da colheita.

Porque quem planta vento colherá tempestade.

Quem planta, colhe. Quem planta o bem, colhe o bem; quem planta o mal, colhe o mal. *"Porque semeiam vento, colherão tempestade... [...] Pois Israel se esqueceu do seu Criador e edificou palácios; Judá multiplicou cidades fortificadas. Mas eu enviarei fogo sobre suas cidades, e ele consumirá as suas fortalezas."* (Os 8:7,14)

Esse é o destino dos que se esquecem do seu Criador.

Não porque Deus é mau, mas porque Deus é justo. Deus é bom, disso eu sei, porque já provei da sua bondade. *"O SENHOR é bom e justo; por isso ensina o caminho aos pecadores."* (Sl 25:8)

Não há amuletos da sorte, não há simpatia, não há feitiçaria, não há deuses, não há ídolos, não há santos; só há a lei da semeadura e a fé no único e verdadeiro Deus Criador e no Senhor Jesus Cristo.

Este é o caminho para a paz, para a felicidade, para a segurança e para a vida; o caminho da verdade, que te conduzirá à salvação.

Felizmente, a Bíblia Sagrada é o livro mais vendido de todos os tempos, mas, infelizmente, também é o livro menos lido; porque os homens tratam a Palavra de Deus como um amuleto da sorte, e não como um manual de conduta de vida. Porque a Palavra de Deus só funcionará na vida da pessoa, se ela seguir as suas instruções.

Mas como a pessoa vai seguir as instruções da Bíblia, se ela não ler o que está escrito em suas páginas? Por isso, eu creio que, na Idade Média — conhecida também como Idade das Trevas — houve muito mais salvação do que nos tempos modernos; porque eles não tinham acesso à Palavra como nós temos hoje, porém, não damos valor. Na maioria das vezes, em muitas casas, a Bíblia Sagrada fica aberta em cima da estante, geralmente no Salmo 91 ou no Salmo 23; toda empoeirada, servindo apenas como um enfeite da sala de estar.

Muitos pensam que ela trará proteção e boa sorte, mas não — isso é superstição. Mas, se a pessoa começar a ler e estudar a Bíblia com dedicação e com o coração aberto para Deus, certamente ela encontrará a verdade, a salvação, a bênção, a proteção, a esperança, a fé, o amor, a vida, a alegria e a paz que ela tanto deseja alcançar.

Porque, a partir do dia em que ela começar a se aproximar do Deus verdadeiro, através da leitura da sua Palavra, virão apenas boas consequências para a sua vida; e, se houver alguma maldição aguardando por ela, seja no presente ou no futuro, será quebrada — e a maldição se tornará em bênção. Porque Deus fará novas todas as coisas. *"Portanto, se alguém está em Cristo, é nova criação; as coisas velhas já passaram, e surgiram coisas novas."* (2Co 5:17)

A minha sorte tem um nome; a minha herança também tem um nome. A minha porção e o meu tesouro têm um nome: seu nome é Jesus Cristo. Sou rico por isso — porque acredito no Senhor Jesus.

Não sou rico porque possuo ouro e prata; sou rico porque Deus está comigo. De fato, eu tive que arcar com algumas consequências, mas a maioria delas o Senhor Jesus aliviou pra mim. Graças a Deus.

O melhor de tudo é saber que não estou só: tenho um Pai, tenho um Amigo fiel, que sabe ser bom e misericordioso. Graças a Deus.

Não importa quanto tempo as consequências irão durar — mais cedo ou mais tarde, elas irão acabar, se eu não continuar pisando na bola, é claro. Porque, se eu continuar falhando, errando e pecando, andando na impiedade e na maldade, as consequências também irão se prolongar em meus dias de vida — e até mesmo depois da morte, que é a pior parte. Ah, se todas as consequências fossem boas!

Mas eu andei em círculos durante muito tempo, vagando pelo deserto árduo por ter sido ardiloso; sonhando com o oásis, porém vendo apenas miragens à minha frente. Os meus anos passaram, voaram sem que eu notasse; as melhores oportunidades foram perdidas. Fiquei num nível muito mais abaixo do que todos os meus antigos amigos — foram as consequências. O que mais poderia ser?

Mas tudo isso seria apenas a ponta do iceberg, se eu não tivesse me consertado a tempo. Coisas bem piores poderiam ter acontecido.

Quando eu pensava que não dava pra ficar pior do que já estava, de repente a situação mudava — mas não mudava pra melhor, e sim para pior. Sim, aprendi que as coisas sempre podem piorar, como também podem melhorar. Eu tenho muitas marcas, isso porque as consequências me alcançaram. Elas chegaram ferozmente, e eu não pude fazer nada. O dia da vingança havia chegado; a espada reluzente me puniu, e eu sei que merecia ser punido. Por isso, não reclamo, mas lamento — não lamento pelas consequências, pois elas foram justas, mas lamento pelos muitos erros e pecados que cometi.

Mas agora, a tempestade está passando, e as consequências estão diminuindo. Elas só irão totalmente embora da minha vida se eu continuar fazendo o que é certo, o que é justo e o que é bom, de fato.

Que assim seja. Que a vontade do meu Deus seja feita.

Seguirei o conselho dado pelo Espírito Santo, por meio do apóstolo Pedro: *"Visto como o seu divino poder nos tem dado tudo o que diz respeito à vida e à piedade, pelo pleno conhecimento daquele que nos chamou por sua própria glória e virtude; pelas quais ele nos tem dado as suas preciosas e grandíssimas promessas, para que por elas vos torneis participantes da natureza divina, havendo escapado da corrupção, que pela concupiscência há no mundo. E por isso mesmo vós, empregando toda a diligência, acrescentai à vossa fé a virtude; e à virtude, a ciência; e à ciência, o domínio próprio; e ao domínio próprio, a perseverança; e à perseverança, a piedade; e à piedade, a fraternidade; e à fraternidade, o amor.*

Porque, se em vós houver e abundarem estas coisas, elas não vos deixarão ociosos nem infrutíferos no pleno conhecimento de nosso Senhor Jesus Cristo." (2Pe 1:3-8)

Porque, na verdade, o que eu quero é paz — mas não a paz que o mundo tem a me oferecer. Quero a verdadeira paz que vem de Deus.

"Deixo-vos a paz, a minha paz vos dou. Eu não a dou como o mundo a dá. Não se perturbe o vosso coração nem tenha medo." (Jo 14:27)

Na verdade, todos querem ter paz — tirando os amantes da guerra, que amam a violência. Mas, em geral, a maioria das pessoas é pacífica e quer ter paz. Mas só poderemos ter paz plantando a semente da paz. O mundo está cheio de violência. Eu vejo as notícias nos jornais da TV ou até mesmo na web — verdadeiramente, é algo diabólico. São bandidos que matam por um simples celular; são golpes aplicados em idosos inocentes; são assaltos à mão armada; são furtos; são injustiças praticadas por homens e mulheres cheios de cobiça e de ganância — tudo por amor aos prazeres e ao dinheiro.

"Pois o amor ao dinheiro é a raiz de todos os males..." (1Tm 6:10)

Vê se isto é justo: o sujeito trabalhou a vida inteira, economizando seu dinheiro para montar o seu tão sonhado negócio.

Enfim, ele consegue montar o seu negócio e, com o tempo, começa a prosperar. E fica feliz pelo fruto do seu duro trabalho.

Mas, de repente, em um dia comum como todos os outros, homens perversos começam a cobiçar o seu comércio próspero.

De madrugada, os ladrões invadem a loja que cobiçaram o dia inteiro e roubam toda a mercadoria, deixando apenas dívidas para o comerciante, levando-o à falência total. Assim eles roubaram o seu sustento e o seu sonho, que ele levou anos para construir — mas que foi destruído em poucas horas. Sim, em poucas horas os ladrões conseguiram destruir o negócio que aquele comerciante levou anos para conquistar com muito trabalho e persistência. Acha isso justo?

Acha que esses ladrões merecem ficar impunes?

Será que eles pensam que vão prosperar com isso?

Não, eles não vão prosperar. Esse dinheiro roubado não durará muito tempo em suas mãos sujas de sangue. É uma grande ilusão pensar que estão tirando vantagem, porque as consequências de suas maldades virão, e eles ficarão na pior — porque, de fato, o crime não compensa. *"Não há paz para os ímpios, diz o SENHOR."* (Is 48:22)

E como poderia haver, se eles só pensam em praticar o mal?

Suas vidas irão sempre de mal a pior — é a lei da semeadura.

Que grande ilusão! A paz passará longe de suas casas; a maldição já se alojou em suas paredes. Por mais que roubem e tirem vantagens com seus golpes, lucrando em cima dos inocentes, estarão sempre sofrendo as consequências de seus atos perversos e egoístas.

Porque o dinheiro sujo que passa por suas mãos é como se fosse colocado em um saco furado — por isso, eles se levantam para praticar mais crimes. Mas uma cela na prisão os espera — ou uma bala de chumbo bem quente no meio do peito. O salário do pecado é a morte; não há como mudar isso — não há como, é impossível fugir das consequências: das consequências da injustiça, da impiedade e da perversidade. *"Espera no SENHOR e segue o seu caminho, e ele te exaltará para herdares a terra; e verás quando os ímpios forem exterminados. Vi um ímpio prepotente crescendo como uma árvore nativa e verdejante. Mas eu passei, e ele já não existia; procurei-o, mas não foi encontrado. Atenta para o homem íntegro e observa o reto, porque haverá um futuro para o homem de paz. Quanto aos transgressores, serão de súbito destruídos, e a posteridade dos ímpios será exterminada. Mas a salvação dos justos vem do SENHOR; ele é a sua fortaleza no tempo da angústia. O SENHOR os ajuda e os livra; ele os livra dos ímpios e os salva, pois nele se refugiam."* (Sl 37:34-40)

As consequências me alcançaram, e não será diferente com você.

Você sabe o que é remorso?

Remorso são as dores do arrependimento, são as toneladas que pesam na consciência. Espero que você sinta as dores e o peso do arrependimento, para que assim você possa se consertar a tempo.

Porque foram os pesares e as dores que me colocaram na linha.

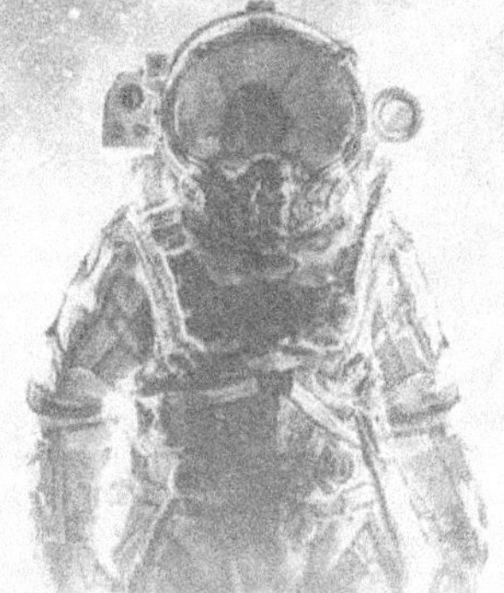

CAPÍTULO 06

INVISÍVEL PARA O MUNDO, MAS VISÍVEL PARA DEUS.

É isso. Este é o problema da maioria dos crentes: eles querem ser vistos e aprovados pelos homens. Eles querem vencer para que o mundo veja a sua vitória; querem que o mundo saiba que eles existem. Querem ser visíveis para o mundo, como se fossem do mundo, seguindo uma mentalidade totalmente contrária à mente de Cristo. Porque o próprio Senhor Jesus Cristo disse: *"Eles não são do mundo, assim como eu também não sou."* (Jo 17:16)

Mas muitos querem andar com Cristo pela passarela do mundo.

Precisam se converter de verdade; caso contrário, sofrerão as consequências de suas indecisões. *"Infiéis, não sabeis que a amizade do mundo é inimizade contra Deus? Portanto, quem quiser ser amigo do mundo se coloca na posição de inimigo de Deus."* (Tg 4:4)

Você escolhe: ou Deus ou o mundo.

Mas com os dois você não pode ficar.

Seria como se a sua esposa lhe dissesse: — *Eu te amo, meu amor, mas também amo o nosso vizinho; quero ficar com você e com ele.*

Será que você aceitaria isso?

Assim, Deus também não aceita dividir você com o mundo.

Porque o inimigo de Deus é o príncipe deste mundo, que jaz no maligno. Se você quer ser amado pelo mundo, está tomando um caminho que o levará à perdição. Pois, se nós somos, de fato, servos de Cristo, o mundo nos odeia como odiaram o nosso Senhor Jesus.

Mas se você é um cristão amado pelo mundo, há alguma coisa errada com você; pois, pelas Escrituras, sabemos que o mundo "odeia" os que são remidos — e não "ama" os que são remidos.

Como está escrito na Palavra de Deus: *"Se fosseis do mundo, o mundo amaria o que era seu. Mas o mundo vos odeia porque não sois do mundo; pelo contrário, eu vos escolhi do mundo."* (Jo 15:19)

Mas, se você quer ser amado pelo mundo, abandone o Senhor e corra para o mundo; mas saiba que as consequências da sua escolha errada serão trágicas. *"Eles são do mundo; por isso falam como quem é do mundo, e o mundo os ouve. Nós somos de Deus; quem conhece a Deus nos ouve; quem não é de Deus não nos ouve. É assim que conhecemos o espírito da verdade e o espírito do erro."* (1Jo 4:5-6)

Durante muito tempo, eu quis ser visível para o mundo, mesmo depois de já ter aceitado Jesus como o meu Senhor e Salvador.

Eu e as minhas boas intenções — pois queria que as pessoas me ouvissem e aprendessem o caminho da salvação através de mim — isto é, por meio do meu poder; ou seja, eu queria ser o centro das atenções. Eu estava querendo servir ao Senhor, mas não preocupado em ser aprovado pelo Senhor, e sim pelos homens — e isso era errado, porque eu queria que as pessoas se importassem comigo.

Queria que a igreja me aplaudisse pela minha vida com Deus.

Ou seja, eu queria ser visto por todos como um super-homem de Deus. Queria que se importassem com as minhas palavras, com as minhas obras, com os meus dons, com o meu poder e com a minha mensagem. (Pra falar a verdade, a minha carne ainda deseja isso.)

Ou seja, no fundo, eu queria ser visto pelos homens como um grande profeta, como um santo cheio do poder e da glória de Deus — mas isso não era certo. Porque o certo é ser visível para Deus, e não para os homens. O certo é ser aprovado por Deus, e não pelos homens. O certo é buscar a glória de Deus, e não a glória do mundo.

Que seja feita a vontade de Deus em minha vida, e não a minha.

Está escrito na santa Palavra do Senhor Jesus, nosso Mestre:

"No ano em que morreu o rei Uzias, eu vi o Senhor assentado sobre um alto e sublime trono, e as abas do seu manto enchiam o templo. Acima dele havia serafins; cada um tinha seis asas: com duas cobriam o rosto, com duas cobriam os pés e com duas voavam." (Is 6:1-2)

Por que será que os serafins cobriam o rosto e os pés, na visão do profeta Isaías? Creio que eles cobriam o rosto e os pés para não chamar a atenção do profeta Isaías, pois eram seres formosos; mas sabiam que a glória não pertencia a eles, e sim somente a Deus.

Eles cobriam o rosto e os pés como sinal de reverência ao Senhor, para transmitir ao profeta este entendimento: — *Não olhe para nós, nem para nossa formosura; olhe para Deus e para a sua grande glória.*

Os serafins nos ensinaram o que é ser um verdadeiro adorador: ser um verdadeiro adorador é servir a Deus sem chamar atenção para si mesmo. Uma tarefa difícil de realizar quando se está em cima do palco, sob a luz dos holofotes; nessa circunstância, é difícil ser um verdadeiro adorador — são poucos os que conseguem essa proeza.

"Como o crisol prova a prata e o forno prova o ouro, assim o homem é provado pelos elogios que recebe." (Pv 27:21)

Mas, por causa da vaidade e da cobiça, grande parte dos cristãos quer ser visível para o mundo, como também quer ser visível para Deus. Não estão completamente mortos para a cobiça que há no mundo; vivem para si mesmos, buscam a Deus apenas por interesse próprio, visando alcançar suas bênçãos. Correm para os pés da cruz quando o calo aperta, mas, ao receberem as bênçãos de Deus, voltam a amar o mundo. Casam-se com Cristo, mas continuam tendo o mundo como seu amante — isto é, mantêm um caso extraconjugal com o mundo. Porque estão com os seus corações divididos: não querem largar o Senhor, mas também não querem largar o mundo.

É difícil alguém querer se tornar visível para um Deus que é invisível — mas, por isso, Deus criou a fé e nos deu esse dom como um presente de sua fidelidade. Mas é ainda mais difícil querer se manter invisível para um mundo visível e cheio de oportunidades.

Para os verdadeiros filhos de Deus, é assim que as coisas são: visível para Deus, invisível para o mundo; buscando a glória de Deus, indiferente às oportunidades que o mundo nos oferece.

Ora, mas eu vejo pregadores que se exaltam em cima do palco que chamam de altar. Eles se exaltam sobre o povo, buscando o louvor que vem do povo para si mesmos — e isso em nome do Senhor.

Será que ainda não aprenderam que a glória e o louvor devem ser dados somente a Deus? Ou será que já sabem que o louvor e a glória pertencem somente ao Senhor, mas foram corrompidos pela vaidade e pela cobiça? Sim, foram corrompidos. *"Mas entre o povo também houve falsos profetas, assim como entre vós haverá falsos mestres. Às ocultas, introduzirão heresias destruidoras, negando até o Senhor que os resgatou e trazendo sobre si mesmos repentina destruição. E muitos seguirão sua vida de libertinagem, e o caminho da verdade será difamado por causa deles. Movidos pela ganância, também vos explorarão com suas artimanhas. Sua condenação, desde há muito tempo, não tarda, e a sua destruição não está inerte."* (2Pe 2:1-3)

Sentado aqui dentro do meu quarto, eu ouço o cântico de um pássaro. Por que será que ele canta tanto? Já sei: ele está cantando para o Senhor. Está fazendo as suas orações ao seu Criador, está louvando o seu Deus com pureza e simplicidade. Eu também quero ser assim — quero ser puro e simples como os pássaros, quero aprender a adorar como os serafins. Quero ser visível para Deus e invisível para o mundo. Quero vencer a vaidade com a simplicidade.

Quando eu falo "invisível para o mundo", não estou querendo dizer isso de forma literal. Mas estou querendo dizer que não me importa o que as pessoas do mundo pensam sobre mim: se elas se importam ou não se importam comigo; se elas me aprovam ou não me aprovam; se elas me louvam ou não me louvam; se elas me amam ou não me amam; se elas me veem ou não me veem, enfim.

Não me importo em ser invisível para o mundo.

O que me importa é ser visto, amado e aprovado por Deus.

"Olha para mim e tem misericórdia de mim..." (Sl 25:16)

A graça do meu Rei me basta; o amor do meu Deus é melhor do que toda fama que o mundo possa me oferecer. A paz que vem de Deus supera — e muito — a paz que vem do mundo. Porque, pra mim, as especulações do mundo a meu respeito são apenas migalhas; são como farelos de pão que caem da mesa. Mas o que Deus pensa a meu respeito — isso sim é um grande banquete. Invisível para o mundo, mas visível para Deus. Que assim seja. Quem dera se todos pensassem deste modo — haveria mais salvação e menos perdição.

Não estou querendo dizer que tenho a chave para a salvação.

Porque a chave para a salvação é uma só: a fé em Jesus Cristo.

Mas o paraíso está vazio em comparação ao inferno, porque os homens se preocupam mais com os seus afazeres mundanos do que com a maravilhosa glória de Deus, nosso Criador. A humanidade sofrerá as consequências de suas escolhas, porque Deus é bom e maravilhoso, mas eles não deram atenção às suas obras grandiosas e maravilhosas. Quando pararem para pensar acerca de suas escolhas erradas, será tarde demais; então chorarão e se lamentarão pelas consequências. Mas eu, pela graça e pela misericórdia de Deus, rejeito o mundo e procuro manter minha esperança firme no Senhor, para que eu possa alcançar a vida eterna que está no meu Senhor e Salvador Jesus Cristo. O único prêmio que eu quero receber é o prêmio que me será entregue pelas mãos do meu Deus e justo Juiz.

Rejeito ser premiado pelos homens, como vejo nas premiações do *Oscar e do Grammy*, e tantas outras cerimônias de premiação que há pelo mundo — algumas de maior relevância, outras de menor importância. Tanto faz: todas elas são más aos olhos do Senhor.

Pois tudo isso gera competição, para ver quem é melhor do que o outro — uma grande maldade e uma grande hipocrisia, que só serve para corromper e elevar o ego humano: um verdadeiro show de horrores. Eu sei, porque vejo a reação dos atores e dos cantores quando recebem tais prêmios; é o puro mal que está por trás desses eventos. Coisas da Babilônia, obras do mundo, espetáculos do Maligno. (Abram-se as cortinas do engano, acendam-se os holofotes da vaidade, para que os premiados sejam aplaudidos e louvados; esta é a deixa dos que vão se perdendo, das almas que vão descendo na direção do abismo. Os flashes e o glamour lhes cegaram os olhos.)

Eu não sei como ainda existem cantores evangélicos — que deveriam estar buscando a glória do Senhor — participando desse tipo de cenário de premiação. Sério, eu não consigo entender certos adoradores. Eles dizem que são adoradores, mas, na verdade, estão querendo mesmo é ser adorados, pois se rebaixam ao aceitar os prêmios, os aplausos, a glória e o louvor que vêm dos homens.

Está caído, e não percebeu que caiu.

Está enfermo, mas rejeita a cura.

Mas um dia as consequências virão, porque de Deus não se zomba. *"Somente a ti, ó Senhor Deus, a ti somente, e não a nós, seja dada a glória por causa do teu amor e da tua fidelidade."* (Sl 115:1)

Ninguém é digno de louvor, senão o Senhor, o Deus eterno.

Prefiro viver no anonimato para o mundo do que viver longe do olhar de Deus; que Deus veja e aprove as minhas obras — e não o mundo, nem os homens. *"Porque não é aprovado quem recomenda a si mesmo, e sim aquele que o Senhor recomenda."* (2Co 10:18)

Pois sei, pelo Espírito, que é dessa forma que Deus quer que seja.

Se não for pela vontade de Deus, que também não seja pela minha. Se não for para ser recomendado pelo Senhor, que também não seja pelos homens. Se não for pelo poder e pela glória de Deus, que também não seja pelos métodos e pelas ferramentas do mundo.

Mas, para isso, eu preciso estar invisível para o mundo e visível para Deus. Mas isso também é uma questão de fé e de vocação.

CAPÍTULO 07

O FILHO PRÓDIGO.

Só mesmo pela graça e pela misericórdia de Deus! Não há homem que só faça o bem e não peque. *"Mas, assim como a mulher que trai o marido, tu me tens traído, ó casa de Israel, diz o SENHOR. Nos lugares altos se ouve uma voz; são as súplicas e o choro dos israelitas, pois perverteram o seu caminho e se esqueceram do SENHOR, seu Deus. Voltai, ó filhos rebeldes, e curarei a vossa rebeldia."* (Jr 3:20-22)

Enquanto houver vida, sempre haverá esperança.

E, ainda que haja consequências, elas não durarão para sempre — não debaixo do sol, na terra dos viventes. Creio que todos conhecem a parábola do filho pródigo: *"Certo homem tinha dois filhos. O mais moço disse ao pai: Pai, dá-me a parte dos bens que me cabe por herança. Então o pai repartiu seus bens entre eles. Poucos dias depois, o filho mais moço, juntando todas as suas coisas, partiu para um país distante e lá desperdiçou seus bens, vivendo de modo irresponsável. E, depois de gastar tudo, houve naquele país uma grande fome, e ele começou a passar necessidade. Então se colocou a serviço de um cidadão do país, e este o mandou para os seus campos para cuidar de porcos. Ele desejava encher o estômago com as alfarrobas que os porcos comiam, mas ninguém lhe dava nada. Ele, porém, caindo em si, disse: Quantos empregados de meu pai têm fartura de comida, e eu estou aqui passando fome! Vou me levantar, irei até meu pai e lhe direi: Pai, pequei contra o céu e contra ti; não sou mais digno de ser chamado teu filho; trata-me como um dos teus empregados. E, levantando-se, foi para seu pai. Estando ele ainda longe, seu pai o viu, encheu-se de compaixão e, correndo, lançou-se ao seu pescoço e o beijou. E o filho lhe disse: Pai, pequei contra o céu e contra ti; não sou mais digno de ser chamado teu filho. Mas o pai disse aos servos: Trazei depressa a melhor roupa e vesti-o; ponde-lhe um anel no dedo e sandálias nos pés; trazei também o melhor bezerro e matai-o; comamos e alegremo-nos, porque este meu filho estava morto e reviveu; havia se perdido e foi achado. E começaram a se alegrar."* (Lc 15:11-24)

Ainda dá tempo de cair em si e voltar para os caminhos da retidão. Mesmo que você tenha se desviado e cometido muitos erros, você ainda pode se consertar e voltar para Deus — mesmo que tenha que arcar com algumas consequências. Mas as consequências passarão; você não terá de enfrentá-las para sempre, não neste plano terreno. Porque tudo nesta vida passa — falo isso para te confortar e te consolar. Mas as consequências que haverá na vida após a morte, sim, essas durarão para sempre. Por isso eu te digo: volte para o Senhor, se conserte com Deus, enquanto ainda há tempo. Não tema as consequências da vida terrena, pois elas passarão. Mas tema as consequências da vida após a morte, pois elas serão eternas. Porque as dores desta vida passam, mas as dores da outra vida serão eternas.

Não falo estas coisas por mim mesmo, porque eu nada sou e nada sei; mas falo essas coisas porque Deus não quer que ninguém se perca. O preço para te livrar do inferno já foi pago; agora cabe a você aceitar esta oferta que Deus fez para todos — sim, uma grande oferta de amor. *"e dou a minha vida pelas ovelhas. [...] Ninguém a tira de mim, mas eu a dou espontaneamente."* (Jo 10:15,18)

Se um dia você aceitou essa oferta, mas acabou abrindo mão dela, voltando para a prática do pecado, ainda há tempo para recuperá-la.

Pois esta oferta de Deus para o mundo é vitalícia; enquanto houver vida, ainda haverá tempo de retomá-la. Sim, o Senhor Jesus foi a oferta de Deus. *"Se continuarmos intencionalmente no pecado, depois de receber o pleno conhecimento da verdade, já não resta mais sacrifício pelos pecados, mas uma terrível expectativa de juízo e um fogo ardente que destruirá os adversários."* (Hb 10:26,27)

Porque as pessoas estão morrendo e indo direto para o inferno; estou sendo bem explícito, não estou falando nas entrelinhas.

Ouça, se você não aceitar o Senhor Jesus Cristo, você irá para o inferno; não sou eu que estou falando, é a Palavra de Deus que fala.

Eu tenho alguns parentes que adoram uma festa, qualquer motivo é motivo para festejar; seja no dia do aniversário de alguém, seja nas festas de fim de ano, seja em algum noivado, seja porque alguém ganhou na loteria, enfim. Qualquer pretexto serve para fazer festa.

Mas não são só os meus parentes que são assim, a maioria das famílias age do mesmo modo; gostam de se reunir para festejar.

Eles dizem que acreditam em Deus e no Senhor Jesus, dizem que são pessoas de Deus, pessoas honestas, pessoas do bem; por isso, eles realmente acreditam que descansarão em paz após as suas mortes.

Vivem despreocupados com a salvação de suas almas, e é aí que mora o grande perigo, porque o tempo está passando, mas eles não estão construindo a sua salvação; como Noé construiu a sua salvação e a salvação da sua casa. Porque a salvação é como a arca de Noé: é algo que nós devemos construir, nos alicerçando cada vez mais no Senhor Jesus Cristo, a Pedra Viva, e construindo sobre Ele a nossa salvação. Sim, eles precisam começar a construir a sua salvação, porque, assim como a Palavra de Deus veio a Noé, para que ele começasse a construir a arca que o salvaria do dilúvio, assim também a Palavra de Deus está sendo enviada todos os dias para as pessoas do mundo. Mas eles não movem um só palito para começar a construir a sua arca, ou seja, a sua salvação. Pois só querem saber de festas e de prazeres momentâneos; coisas que os levarão à perdição eterna. E, quando chegar a hora da colheita, todos estarão despreparados, pois não buscaram o Senhor no dia da oportunidade, nem se preocuparam em construir sua arca — isto é, sua salvação.

Serão pegos de surpresa e não saberão o que fazer, porque estarão totalmente despreparados e perdidos, como um analfabeto tentando se formar na faculdade. Fugirão da tempestade, mas não terão conhecimento para conseguir se abrigar da chuva. Sabe por quê?

Porque desperdiçaram seu tempo com o que era mau, inútil e fútil, e não construíram a sua própria salvação em tempo oportuno.

Como o Senhor nos disse: *"Como aconteceu nos dias de Noé, assim também será nos dias do Filho do Homem. Comiam, bebiam, casavam e davam-se em casamento, até o dia em que Noé entrou na arca, e veio o dilúvio e os destruiu a todos. Como também, da mesma forma, aconteceu nos dias de Ló: comiam, bebiam, compravam, vendiam, plantavam e edificavam; mas, no dia em que Ló saiu de Sodoma, choveu do céu fogo e enxofre, e os destruiu a todos; assim será no dia em que o Filho do Homem se há de manifestar."* (Lc 17:26-30)

O Senhor pode voltar a qualquer momento. Mas não é só isso — a morte também está à espreita, podendo te alcançar a qualquer instante. *"Louco, esta noite te pedirão a tua alma..."* (Lc 12:20)

Porque eu também já fui um filho pródigo, estive longe do Pai, andando por caminhos tortuosos e fazendo o que era mau aos olhos do Senhor. Mas, quando eu caí em si e me voltei para o Senhor, pela sua graça e vontade, Ele teve misericórdia de mim e me aceitou de volta no seu aprisco. Não será diferente com você, porque Deus não trata ninguém com diferença e é cheio de bondade e de compaixão.

— *Volta, filho pródigo, volta para a casa do teu Pai, porque Ele está te esperando e tem um grande banquete preparado só pra você.*

Eu não gosto de elevar o ego de ninguém, mas o que Deus me manda falar, eu falo. E Ele manda dizer que você tem valor para Ele.

Uma vez me perguntaram: — *Você ainda está indo à igreja?*

Eu disse: — *Sim, é claro; para onde eu irei sem o meu Deus?*

De fato, para quem eu correrei nas horas de angústia e de aflição?

Só o Senhor pode me salvar; só o Senhor pode suprir todas as minhas necessidades, e só o Senhor me satisfaz completamente.

Em quem eu irei buscar refúgio contra os meus inimigos?

Eu não tenho outro lugar para ir. O Senhor é o meu caminho e a minha estrada, a minha entrada e a minha saída, a minha casa, a minha cidade, o meu país, a minha pátria, o meu mundo e o meu universo. *"Eu te amo, ó SENHOR, minha força. O SENHOR é a minha rocha, a minha fortaleza e o meu libertador; o meu Deus, o meu rochedo, em quem me refugio; o meu escudo, a força da minha salvação e a minha torre de proteção."* (Sl 18:1,2)

Sabendo que as consequências são reais, procurarei tomar muito mais cuidado com as minhas ações, pois não é tempo de brincar; é tempo de crescer e amadurecer em Cristo — isto é, tempo de amar.

Como na parábola do filho pródigo, vimos que ele não ficou impune, mas sofreu as consequências de suas escolhas erradas.

Mas, depois, caindo em si, arrependeu-se.

Voltou e fez o que era certo, e foi bem recebido pelo pai; e com o passar do tempo, as consequências ficaram para trás. E a cura veio.

Porque todas as almas desviadas que estão feridas podem ser curadas; basta voltar para Deus, abandonando a vida mundana.

Fazendo isso, certamente serão curadas de suas dores.

Mesmo que as dores desta vida sejam passageiras e irrelevantes, comparadas às dores eternas. Porque as dores passarão e as feridas cicatrizarão; a fome e a sede jamais durarão para sempre — se você voltar para Cristo, é claro. Mas, se não quiser voltar, eu lamento.

"E se o meu povo, que se chama pelo meu nome, se humilhar, orar e buscar a minha face, e se desviar dos seus maus caminhos, então ouvirei dos céus, perdoarei os seus pecados e sararei a sua terra." (2Cr 7:14)

Mas, se você continuar na rebeldia, o que te espera é isto: *"Se, porém, não ouvires a voz do Senhor teu Deus, se não cuidares em cumprir todos os seus mandamentos e os seus estatutos, que eu hoje te ordeno, virão sobre ti todas estas maldições, e te alcançarão: Maldito serás na cidade, e maldito serás no campo. Maldito o teu cesto e a tua amassadeira. Maldito o fruto do teu ventre, e o fruto do teu solo, e as crias das tuas vacas e das tuas ovelhas. Maldito serás ao entrares, e maldito serás ao saíres. O Senhor mandará sobre ti a maldição, a derrota e o desapontamento, em tudo a que puseres a mão para fazer, até que sejas destruído, e até que repentinamente pereças, por causa da maldade das tuas obras, pelas quais me deixaste. O Senhor fará pegar em ti a peste, até que te consuma da terra na qual estás entrando para a possuíres. O Senhor te ferirá com a tísica e com a febre, com a inflamação, com o calor forte, com a seca, com crestamento e com ferrugem, que te perseguirão até que pereças. O céu que está sobre a tua cabeça será de bronze, e a terra que está debaixo de ti será de ferro. O Senhor dará por chuva à tua terra pó; do céu descerá sobre ti a poeira, até que sejas destruído. O Senhor fará que sejas ferido diante dos teus inimigos; por um caminho sairás contra eles, e por sete caminhos fugirás deles; e serás espetáculo horrendo a todos os reinos da terra. Os teus cadáveres servirão de pasto a todas as aves do céu e aos animais da terra, e não haverá quem os enxote. O Senhor te ferirá com as úlceras do Egito, com tumores, com sarna e com coceira, de que não possas curar-te; o Senhor te ferirá com loucura, com cegueira e com pasmo de coração. Apalparás ao meio-dia como o cego apalpa nas trevas, e não prosperarás nos teus caminhos; serás oprimido e roubado todos os dias, e não haverá quem te salve."* (Dt 28:15-29)

Tudo isso somente nesta vida, mas, após esta vida, a coisa piora.

Não falo isso para as pessoas do mundo, que nunca conheceram o evangelho; mas falo para aqueles que conheceram a verdade, mas se afastaram dela, virando as costas para Deus, profanando o seu santo nome. Entretanto, eu sei que muitas pessoas pensam: — *Mas e quanto aos homens ímpios e corruptos que vivem em delícias na terra? Eles não praticam nenhum bem e não temem a Deus, mas vivem uma vida de luxo; andam nos melhores automóveis, moram nas mais belas casas e desfrutam do bom e do melhor. E os judeus, que negam o Senhor Jesus Cristo, no entanto, vivem uma vida próspera na terra?*

Ora, essas tais pessoas nunca conheceram a Deus, e nunca pertenceram a Deus, por isso prosperam no mundo. Mas, sobre essas coisas, eu digo: não se engane com a prosperidade dessas pessoas, porque elas são prósperas pela bondade de Deus. Pois, sabendo Deus que elas nunca irão aceitar o seu plano de redenção que está em Cristo, permite que vivam uma vida próspera na terra — já que, na eternidade, viverão em tormentos. Mas não porque Deus escolheu isso para elas, mas porque elas próprias escolheram. Deus permite que essas pessoas fiquem com as migalhas da vida terrena, já que elas rejeitaram o grande banquete da vida eterna na presença de Deus.

"Certamente Deus é bom para Israel, para os que têm coração limpo. Quanto a mim, meus pés quase tropeçaram; faltou pouco para que eu escorregasse. Pois eu tinha inveja dos arrogantes, ao ver a prosperidade dos ímpios. Eles não têm problemas, o corpo deles é forte e sadio. Não passam pelas tribulações dos mortais, nem são afligidos como os demais homens. Por isso, a soberba é para eles como um colar no pescoço; a violência os cobre como um vestido. Os olhos deles cobiçam as riquezas; do seu coração brotam fantasias. Zombam e falam com malícia; com arrogância fazem ameaças. Desandam a falar contra os céus, e sua língua percorre a terra. Por isso, o povo se volta para eles e bebe à vontade de suas águas. Eles dizem: Como Deus sabe? Por acaso o Altíssimo tem conhecimento? Os ímpios são assim; sempre seguros, aumentam suas riquezas. Por certo é em vão que tenho mantido puro o coração e lavado as mãos na inocência, pois todo dia tenho sido afligido, e castigado a cada manhã. Se eu tivesse dito: Falarei como eles, eu teria traído a geração de teus filhos. Quando me esforçava para compreender isso, achei que era uma tarefa muito difícil para mim, até que entrei no santuário de Deus. Então compreendi o destino deles. Certamente tu os pões em lugares escorregadios e os fazes cair em ruína. Como são destruídos de repente! Ficam totalmente aterrorizados. Como alguém que acorda de um sonho, assim, ó Senhor, quando acordares, tu os desprezarás. Quando meu coração estava amargurado e no meu interior me perturbava, eu estava embrutecido e ignorante; era como animal perante ti.

Todavia estou sempre contigo; tu me seguras com a mão direita. Tu me guias com teu conselho e depois me recebes com honra. Quem mais eu tenho no céu, senão a ti? E na terra não desejo outra coisa além de ti. Meu corpo e meu coração desfalecem; mas Deus é a fortaleza da minha vida e minha herança para sempre. Os que se afastam de ti perecerão; tu exterminas todos os que se desviam de ti. Mas, para mim, bom é estar junto a Deus; ponho minha confiança no Senhor Deus, para proclamar todas as suas obras.” (Sl 73:1-28)

Vem depressa e entra pela Porta, enquanto ela ainda está aberta.

CAPÍTULO 08

UM CONTO DE FADAS.

Todos que quiserem ter vida e paz devem lançar a boa semente. *"Lance o seu pão sobre as águas, porque, depois de muitos dias, você o achará. Reparta com sete e até mesmo com oito, porque você não sabe que mal sobrevirá à terra. [...] Distribuiu livremente aos necessitados; sua justiça permanece para sempre; seu poder será exaltado em honra. O ímpio vê isso e fica furioso, range os dentes e se consome; mas o desejo dos ímpios será frustrado."* (Ec 11:1,2) (Sl 112:9,10)

Ele era um cara superdescolado que conheceu uma garota vida loka num sábado à noite. O lance que rolou entre eles foi uma atração fatal, tipo a bomba de Hiroshima, tipo amor à primeira vista; tipo: *Bonnie e Clyde.* Ambos eram ambiciosos e gananciosos, egoístas e narcisistas; e tinham as mesmas metas e objetivos, o mesmo mau caráter, a mesma cobiça, a mesma disposição para o mal, o mesmo ânimo, a mesma covardia e a mesma escuridão na alma. O casal perfeito que tinha tudo para dar certo — se fosse uma história de contos de fadas — ou um romance de *Emily Henry.*

— *Ora, mas isso não é uma história de contos de fadas?*

Enfim, eles deram início ao seu romance naquela noite gelada de inverno — um inverno que, para eles, virou verão. "Carne e unha, alma gêmea, bate coração, a metade da laranja, dois amantes..."

— *Opa, parece que eu já ouvi isso em algum lugar! Espera aí! Isso não está parecendo uma música do Fábio Júnior?*

Enfim, deixemos à parte as coincidências e voltemos à narrativa.

Como eu ia dizendo, o novo casal de namorados começou o seu lindo romance de contos de fadas. Mas, às vezes, havia uma briguinha de casal. Tudo bem, até aí, normal, já que todos os casais brigam mesmo; porém, as brigas deles eram um pouco bipolares.

Certa vez, houve uma discussão entre eles, no dia do seu aniversário de um mês de namoro. Primeiro ela deu na cara dele, mas ele revidou a bofetada. Depois, ela pegou uma faca e partiu pra cima dele, conseguindo fazer alguns cortes superficiais no seu corpo; mas ele revidou, pegou um cabo de vassoura e deu uma madeirada na cabeça dela — tão forte que ela desmaiou, ficando inconsciente.

Os vizinhos, ouvindo a gritaria e o furdúncio, com medo, chamaram a polícia, e a polícia, por sua vez, chamou uma ambulância; pois ele estava com alguns ferimentos de faca, e ela estava desmaiada no chão da sala. No outro dia, já recuperados, mas com uma ressaca horrível, eles foram intimados a ir à delegacia, mas nenhum deles prestou nenhuma queixa. Disseram ao delegado:

— *São apenas brigas de amor.*

E o delegado, por sua vez, disse: — *Se isso são brigas de amor, não quero nem ver as brigas de ódio. Vê lá o que vocês andam fazendo!*

Eles não gostavam da polícia, mas riram muito com o delegado.

E saíram pela porta da frente da delegacia de mãos dadas, como se nada houvesse acontecido. Pois é, todo casal apaixonado às vezes tem uma briguinha, mas essa foi apenas uma das muitas briguinhas que eles tiveram em suas vidas conturbadas de amor e ódio.

E esse tipo de briguinha ocorria sempre que eles bebiam muito.

E, por falar em briguinha, como eles gostavam de uma briga e de uma boa confusão, faziam intrigas entre seus próprios parentes, amigos e colegas. Gostavam de ver o circo pegar fogo, colocavam lenha na fogueira, depois ficavam assistindo ao espetáculo — rindo das situações; de fato, seus corações eram cruéis e maquiavélicos.

Há quem dissesse que eles eram boa gente, e de fato eles eram boa gente no começo, quando se interessavam em tirar vantagem sobre alguém. Porque eram dissimulados, golpistas e trapaceiros, eram almas sem escrúpulos; enganavam os pobres de espírito e lucravam muito com suas práticas ilícitas. Eram capazes de fazer tudo por dinheiro; se possível fosse, venderiam até a própria mãe para lucrar.

Verdadeiramente eles se mereciam — o casal imperfeito que virou o casal perfeito. O tempo foi passando, eles se casaram e tiveram três lindos filhos: inteligentes, honestos e inocentes. Com o dinheiro sujo do crime que ganhavam, alugaram uma boa casa em um bom bairro de luxo; eram pessoas felizes e, aparentemente, pessoas do bem. Mas, como diz certo ditado: "Quem não te conhece, que te compre."

Seus novos vizinhos nem imaginavam que eles eram dois mafiosos que roubavam, matavam, enganavam, traíam e topavam fazer qualquer outro tipo de atrocidade por dinheiro — isto é, para ficar por cima, lucrando sem nenhum escrúpulo na vida loka do crime.

Ele sempre a traía com outras mulheres, mas, para descontar, ela pagava com a mesma moeda, deitando-se com qualquer um só para se vingar; e as coisas ficavam empatadas e equilibradas — ou melhor dizendo, mais ou menos equilibradas. Porque, às vezes, enciumado, ele ia atrás do sujeito que teve relações com sua mulher e, quando descobria quem era, dava uma boa surra no sujeito e depois o matava, sem misericórdia. Assim, o sujeito, que era inocente, acabava morrendo à toa, pois não sabia que a mulher era casada.

Desse modo, ela conseguia enganar o sujeito usando a sedução e, como a fraqueza do homem é a mulher, poucos conseguiam resistir à tentação. Mas ela gostava de tudo aquilo, gostava de saber que o seu marido, alfa e valente, por ciúmes, tinha coragem de matar por amor a ela, sem piedade; ela gostava daquela vida de briga de cão e gato.

Acho que, para eles, as traições serviam de fetiche para apimentar e quebrar a rotina do casamento. Quem entende esse tipo de pessoa?

Eram psicopatas ou, talvez, sociopatas — não sei direito.

Mas sei que eram maus e egoístas, e só pensavam em si mesmos.

Um dia, um dos seus vizinhos os convidou para a festa de aniversário do seu filho mais novo, e eles foram prestar suas congratulações. Pois eles pareciam pessoas comuns, um casal bem dissimulado, acima de qualquer suspeita. Quem iria imaginar que eram pessoas ímpias, se agiam como justos na frente de todos?

É como diz certo ditado: "Quem vê cara não vê coração."

Eles participaram da festa como pessoas normais e conseguiram fazer novas amizades, mas, na verdade, pensavam em alguma forma de roubar ou extorquir aquelas pessoas prósperas e inocentes que os receberam de coração aberto. Pois eles só pensavam em si mesmos, só pensavam em se dar bem, tirando vantagem de outras pessoas.

Porque viram que, no bairro para onde se mudaram, havia muitas famílias prósperas — inclusive a família que os convidou para a festa — e ficaram cheios de inveja, cobiçando os seus bens materiais.

Então, a mulher, cheia de maldade e cobiça no coração, disse ao marido: — *Precisamos bolar um plano para enganar essas pessoas, pois são pessoas prósperas; essa pode ser a nossa grande chance.*

E o marido, por sua vez, cheio de más intenções, disse à sua mulher: — *É verdade, são pessoas prósperas, mas o que faremos?*

Então eles começaram a maquinar um plano contra aquelas pessoas. O Natal e o Ano-Novo estavam chegando, então eles tiveram um plano. Por meio do grupo do *WhatsApp* da rua onde moravam — uma rua cheia de famílias prósperas — eles deram um ultimato aos seus novos amigos, dizendo: — *Bom dia, família, amados e queridos. As festas de fim de ano estão próximas, e nós queremos lhes fazer um convite. Por favor, não nos decepcionem. Porque a nossa família está preparando uma grande festa de Réveillon, estamos contando com a presença de todos. Meus queridos, o Natal vocês podem passar em família, assim como nós também iremos fazer; mas, na noite do Ano-Novo, a festa é por nossa conta. Beijos e abraços dos seus amigos que os amam muito. Que Deus os abençoe.*

Eles alugaram uma chácara distante e bolaram todo o plano.

Combinaram de deixar os seus filhos com os avós paternos na noite do Ano-Novo, dando a desculpa de que iriam viajar para passar o Réveillon na praia; porque nem os seus pais sabiam de suas malandragens, e também não queriam que os seus filhos soubessem de onde vinha o seu sustento. Eles fizeram novos documentos falsos, tiraram passaportes falsos e convidaram quatro comparsas para que os ajudassem nessa trama diabólica. Visitaram todos os seus vizinhos no Natal, para felicitá-los e para reforçar o convite do Réveillon que estavam tramando. Naquela semana antes do Ano-Novo, o casal dissimulado se aproximou dos seus vizinhos de uma forma tão calorosa e amorosa que os deixou totalmente constrangidos.

Então, seus vizinhos confirmaram que passariam o Réveillon com eles, na festa surpresa. Dois dias antes do Ano-Novo, eles passaram o endereço da chácara aos seus amigos via *WhatsApp* e disseram:

— *Olá, meus queridos amigos e vizinhos, não estaremos em casa porque estamos muito ocupados com os preparativos da festa. Não se atrasem, porque estamos esperando todos vocês ansiosamente. Beijos e mais beijos, abraços e mais abraços. Nós amamos muito todos vocês.*

Eles montaram o cenário da festa apenas para causar uma boa impressão aos convidados que vinham chegando e entrando: uma linda festa de Ano-Novo. Combinaram de batizar todas as bebidas dos convidados com medicamentos de tarja preta, para dar o tal efeito do "boa noite Cinderela" — medicamentos controlados que só podiam ser vendidos com receita médica. Mas eles eram bandidos que sabiam trabalhar, profissionais do ramo criminoso. Conseguir os medicamentos foi uma tarefa muito fácil para eles. E, é claro, também souberam batizar a bebida de forma moderada, para não levantar nenhuma suspeita e também para não matar ninguém do coração com uma overdose alcoólica, pois precisavam das vítimas vivas. Eles colocaram suas máscaras de pessoas do bem, como era de praxe, e partiram para o trabalho. Na entrada, recebiam os convidados com uma taça de champanhe batizada; seus quatro comparsas se passavam por garçons na festa, e tudo corria bem, sem que ninguém suspeitasse. Aliás, alguns dos vizinhos indagavam uns aos outros sobre a ausência dos filhos e dos parentes. Assim diziam:

— *Engraçado, somos só nós, do nosso bairro?*

Mas, o casal, percebendo a indagação dos vizinhos, dizia:

— *Muitos dos nossos parentes e amigos não puderam vir hoje, mas amanhã eles virão, porque amanhã a festa continuará a todo vapor.*

Mas eles estavam tão bêbados e desnorteados que mal conseguiam pensar, porque a festa, aparentemente, estava de fato muito boa — uma festa de arromba. Com muitas bebidas e churrasco, piscina para se refrescarem, e muita música e alegria; pois sabiam como animar uma festa. Toda a comida e bebida que havia ali eram produtos de furto, por isso tudo era de primeira classe.

Até mesmo a chácara de luxo alugada, que haviam combinado pagar em determinado dia, não foi paga — deram o calote.

E até os refrigerantes das crianças estavam batizados, para que todos caíssem em sono profundo e não atrapalhassem seus planos.

Antes da meia-noite, todos já estavam desmaiados, em um coma alcoólico profundo: uns caídos perto da piscina, outros na mesa em que estavam sentados, outros se sentindo sonolentos subiram para se deitar nos quartos que lá havia. Então, eles botaram a mão na massa e, diligentemente, fizeram tudo que haviam arquitetado.

Carregaram todos para um quarto bem grande da chácara, amarraram suas mãos e pés com firmeza e também amordaçaram suas bocas para que não gritassem. Pegaram os celulares de todos e passaram a administrar as mensagens de seus amigos e parentes, para não levantar nenhuma suspeita. As crianças foram deixadas em um quarto separado, com televisão, muitos brinquedos e distrações.

Mas, quando começavam a dar muito trabalho, eram dopadas aos poucos pela mulher que cuidava delas. Quando os convidados acordaram amarrados e amordaçados, ficaram confusos e assustados; alguns entraram em pânico, outros pensaram que era apenas uma brincadeira de mau gosto. Mas, quando o casal entrou no quarto junto com seus comparsas — armados até os dentes e com o semblante transformado —, ameaçando todos para que obedecessem, os convidados ficaram perplexos e, desesperados, choraram de tanto pavor. Pois todos achavam que iam morrer.

Sim, com muito medo, disseram aos seus supostos amigos: — *Por que vocês estão fazendo isso com a gente? A gente é amigo, lembra?*

Mas eles disseram com frieza, como bons profissionais: — *Fiquem todos calados e façam tudo que nós mandarmos. Se fizerem isso, poderão sair vivos deste lugar. Mas, se não nos obedecerem, vamos matar todos vocês, começando pelas crianças. Tenham muita cautela: quanto mais rápido cooperarem, mais rápido poderão ir embora.*

Então pegaram os celulares e começaram a ameaçar um por um, para que fizessem transações bancárias via Pix — e não somente transações de suas contas poupança e corrente, mas também empréstimos exorbitantes, tudo pela internet, pelo celular e pelo notebook. Eles eram tirados um por um do quarto, sentavam-se à mesa e começavam a fazer as transações, sob a ameaça de uma arma apontada para suas cabeças. E todos davam tudo o que eles pediam.

Eram famílias prósperas, que tinham muito dinheiro guardado e muito crédito na praça. Também usaram seus cartões de crédito para fazer compras e mais compras, deixando cada um deles falido e endividado. Eles terminaram de executar o plano no dia 3 de janeiro.

Lá pelas sete horas da noite do dia 3 de janeiro, foram embora da chácara, deixando os reféns ainda presos e amarrados dentro do quarto. Mas, mais tarde, quando já estavam bem longe, tiveram a decência de fazer uma denúncia anônima, apontando à polícia o local onde estavam os reféns. E assim conseguiram escapar ilesos.

Também mataram seus quatro comparsas para não ter que dividir o dinheiro e foram morar, por um breve tempo, em uma cidadezinha no litoral da *Bahia*, vivendo discretamente até a poeira baixar.

Algum tempo depois, arrumaram as malas e partiram para o *México*, onde recomeçaram suas vidas felizes e prósperas do zero.

O golpe foi grande: conseguiram arrecadar milhões.

Montaram alguns negócios no exterior, mas sem abandonar o hábito do crime em momentos oportunos. Pagaram a faculdade de seus filhos, se estabilizaram e prosperaram muito no que faziam.

Tinham negócios formais na Cidade do *México* e negócios informais em *Tijuana*, mas, nos dias de folga, descansavam em sua bela casa nas praias de *Acapulco*. Curtiam férias na *Europa*, iam às baladas de *Tel Aviv*, voltavam para *Paris*, enchiam a cara em *Amsterdã*, tiravam onda em *Dubai* e retornavam ao *México* para lucrar, vivendo em plena paz e harmonia, ambos de bem com a vida.

E viveram felizes para sempre. — *Mas como assim, viveram felizes para sempre? E as consequências dos seus atos maldosos?*

É verdade, se fosse na vida real, certamente haveria grandes consequências para suas impiedades e maldades, para suas injustiças e perversidades; e, de maneira nenhuma, eles encontrariam a paz.

Mas isso é só um conto de fadas, não é a vida real.

"Não há paz para os ímpios, diz o Senhor." (Is 48:22)

"Não há paz para os ímpios, diz o meu Deus." (Is 57:21)

Aqueles que pensam o contrário enganam-se a si mesmos.

"Ainda que o pecador cometa um crime cem vezes e tenha vida longa, eu sei com certeza que tudo irá bem aos que temem a Deus, aos que o reverenciam. Porém, nada irá bem para o ímpio; não terá vida longa e passará como a sombra, pois não teme a Deus." (Ec 8:12-13)

Mas, como isso é só um conto de fadas, a história do casal ímpio e perverso termina deste jeito: — *E viveram felizes para sempre.*

Fim da história.

CAPÍTULO 09
CAUSA E EFEITO.

Assim foi revelado, assim aconteceu, assim está acontecendo e assim acontecerá até o fim: *"E, depois de sessenta e duas semanas, o ungido será tirado e já não estará; e o povo do príncipe que virá destruirá a cidade e o santuário, e o seu fim será com uma inundação; e até o fim haverá guerra; assolações estão determinadas."* (Dn 9:26)

Filhos de Jacó, povo que apanha de vara, mas nunca aprende.

Desde o princípio, Israel sempre foi uma nação rebelde e obstinada. Quem conhece a história sabe: Deus tentou fazer o povo andar nas veredas da paz, mas o povo escolheu as veredas da guerra.

"Os israelitas fizeram o que era mau aos olhos do Senhor, esquecendo-se do Senhor, seu Deus, e cultuando os baalins e Aserá. A ira do Senhor se acendeu contra Israel, e ele os entregou nas mãos de Cuchã-Risataim, rei da Mesopotâmia. E os israelitas serviram a Cuchã-Risataim durante oito anos. Mas quando os israelitas clamaram ao Senhor, este levantou-lhes um libertador que os livrou: Otoniel, filho de Quenaz, irmão mais novo de Calebe. E veio sobre ele o Espírito do Senhor. E ele se tornou juiz de Israel. Então, foi à guerra, e o Senhor lhe entregou Cuchã-Risataim, rei da Mesopotâmia, contra quem prevaleceu. Então a terra teve sossego durante quarenta anos, até a morte de Otoniel, filho de Quenaz." (Jz 3:7-11)

Era sempre assim: sempre que o povo estava em paz, esquecia-se do Senhor e voltava a cultuar outros deuses. Então o Senhor permitia a ação do diabo, que, sempre que podia, levantava um inimigo para oprimir o povo do Senhor; e, em meio à opressão do inimigo, eles se lembravam de Deus e clamavam ao Senhor; e o Senhor, por sua misericórdia e fidelidade, sempre levantava um novo juiz para livrar o povo. Então o povo se voltava para o Senhor pelo livramento recebido, mas apenas durante o tempo de vida do juiz que os livrou; porque, depois que o juiz morria, eles se esqueciam das obras do Senhor e voltavam a fazer o que era mau diante de Deus.

"Os israelitas voltaram a fazer o que era mau aos olhos do Senhor, e este deu poder a Eglom, rei de Moabe, contra Israel, pois haviam feito o que era mau aos olhos do Senhor. Depois de fazer uma aliança com os amonitas e os amalequitas, Eglom foi, derrotou Israel e conquistou a Cidade das Palmeiras. E durante dezoito anos os israelitas foram dominados por Eglom, rei de Moabe. Mas quando os israelitas clamaram ao Senhor, este levantou-lhes um libertador chamado Eúde, filho do benjamita Gera, homem canhoto. E os israelitas enviaram por seu intermédio o pagamento de tributos a Eglom, rei de Moabe. [...] Eúde aproximou-se do rei, que estava sentado numa sala de verão particular, e disse-lhe: Tenho uma mensagem de Deus para ti. Quando o rei se levantou da sua cadeira, Eúde estendeu a mão esquerda, tirou a espada de sobre a coxa direita e cravou-a na barriga do rei. [...]

Eúde escapou enquanto eles esperavam e, depois de passar pelas imagens de escultura, chegou a Seirá. E, assim que chegou, tocou a trombeta na região montanhosa de Efraim. E os israelitas desceram das montanhas, com ele à frente. E ele lhes disse: Segui-me, porque o Senhor entregou os vossos inimigos, os moabitas, nas vossas mãos. Eles o seguiram, tomaram o lugar de passagem do Jordão que leva a Moabe e não deixaram ninguém atravessar o rio. Naquela ocasião mataram cerca de dez mil moabitas, todos fortes e valentes; e ninguém escapou. Assim Moabe foi subjugado por Israel naquele dia. E a terra teve sossego durante oitenta anos." (Jz 3:12-15/20-21/26-30)

"Mas, depois da morte de Eúde, os israelitas voltaram a fazer o que era mau aos olhos do Senhor." (Jz 4:1)

Causa e efeito. Era sempre deste modo: séculos se passaram, e o povo continuava errando e padecendo pelos seus erros; até que houve o exílio de Israel. Primeiro foi Efraim, o reino do norte, cuja capital era Samaria; algum tempo depois, foi Judá, o reino do sul, cuja capital era Jerusalém. Efraim e Samaria foram levados ao cativeiro pela Assíria; e Judá e Jerusalém foram levados ao cativeiro pela Babilônia. Até que, depois de sete décadas, o Senhor começou a restabelecer a nação de Israel. Primeiro, Ele trouxe Judá do cativeiro da Babilônia para Jerusalém; depois, os israelitas que estavam dispersos também foram se unindo aos judeus. Com a ajuda do Senhor, eles reergueram o muro que estava caído, reergueram o templo que estava em ruínas e reergueram as cidades que estavam desoladas; até que, depois de muitos anos, a promessa do Messias veio a Israel. Primeiro surgiu João Batista, preparando o caminho para o Senhor; depois, o Senhor surgiu anunciando o evangelho. *"E o Verbo se fez carne e habitou entre nós, pleno de graça e de verdade; e vimos a sua glória, como a glória do unigênito do Pai."* (Jo 1:14)

Muitos aceitaram o Messias, mas a maioria — principalmente a elite da religião da época, chamados judeus — não aceitaram o Senhor e, por isso, resolveram matá-lo; e, mais uma vez, cometeram um grande erro, pois mataram aquele que havia sido enviado para salvá-los. Mataram aquele cujas Escrituras revelavam que viria. Mas Ele ressuscitou ao terceiro dia e começou a ser anunciado pelos seus discípulos — isto é, pelos apóstolos —, que deram início à pregação do evangelho em Jerusalém. Através de sinais e prodígios, o Senhor se revelava a Israel pela mão do Espírito de Jesus, e a igreja começou a crescer. Mas os judeus — os mesmos que mataram o Messias, o Senhor Jesus Cristo — não aceitaram a mensagem do evangelho e começaram a perseguir a igreja; porém, a igreja não parava de crescer. Até que, depois de muitos anos, o dia da vingança veio, e a glória dos judeus foi lançada por terra com a invasão dos romanos.

Muitos foram mortos e dispersos e, pela segunda vez, os judeus foram exilados. E, quanto ao templo, não ficou pedra sobre pedra.

Causa e efeito. Mas o Senhor já havia dito que isso iria acontecer: *"Tendo Jesus saído do templo, enquanto se retirava, seus discípulos aproximaram-se dele para lhe mostrar as edificações do templo. Mas ele lhes disse: Não estais vendo tudo isto? Em verdade vos digo que aqui não ficará pedra sobre pedra que não seja derribada."* (Mt 24:1,2)

No entanto, nem assim os judeus que foram dispersos pelo mundo creram na palavra do Senhor. E isso nos leva à Segunda Guerra Mundial, e a um tal sujeito, cheio do espírito do anticristo, chamado *Adolf Hitler* — um grande perseguidor do povo judeu.

Os judeus foram perseguidos pelos nazistas antes e durante a Segunda Guerra Mundial, perderam o direito à cidadania, perderam tudo, foram obrigados a fazer trabalhos forçados, foram levados presos aos campos de concentração, onde milhões de inocentes foram mortos. O que eu tenho a dizer sobre isso? Causa e efeito.

Mas Deus é bom e misericordioso, e trouxe os judeus de volta para Jerusalém, restabelecendo-lhes a sua pátria. É claro que houve resistência da parte dos árabes que ali viviam. Mas a vontade de Deus prevaleceu, e os judeus foram estabelecidos em sua terra.

Entretanto, como disse a profecia, assim aconteceu: *"E até o fim haverá guerra; assolações estão determinadas."* (Dn 9:26)

Até os dias de hoje, aquela área vive em conflitos: judeus contra árabes. Pois, como a Palavra de Deus revelou: *"E até o fim haverá guerra; assolações estão determinadas."* (Dn 9:26)

Assim tem acontecido. Causa e efeito.

Pois os judeus negam a salvação de Deus, rejeitando o Senhor Jesus Cristo como o seu Salvador. E não há maior pecado do que esse. Mas muitos judeus não aceitam o Senhor Jesus por medo de serem expulsos da comunidade judaica, porque amam mais a glória dos homens do que a glória de Deus. Perderão a salvação por nada.

Porque o que é a glória dos homens, comparada à glória de Deus?

Mas agora, neste momento, enquanto eu escrevo estas palavras, Israel está em guerra, sendo atacado por um grupo chamado Hamas.

Até agora, milhares de pessoas já morreram nesta guerra, e não se sabe quanto tempo ela irá durar. E pode até ser que outros inimigos de Israel, aproveitando as investidas do Hamas, também partam para cima de Israel — estes são os rumores que estão percorrendo a mídia até agora. Mas eu acredito que ainda não é o fim para Israel.

Contudo, todos esses acontecimentos são bíblicos: *"E até o fim haverá guerra; assolações estão determinadas."* (Dn 9:26)

No entanto, estou vendo muitos cristãos orando para que haja paz em Israel, e isso não é errado nem mau — mas é uma coisa boa.

Todavia, eu acho isso uma coisa inútil, porque tudo já está determinado. No entanto, façamos a nossa parte e oremos para que haja paz naquela região; oremos pelas almas que estão no meio do fogo cruzado, almas que sofrem com a guerra — tanto os judeus como os palestinos que vivem na Faixa de Gaza; oremos por todos.

Não oremos apenas por Israel; oremos por todas as almas inocentes que são prejudicadas pela guerra. Mas muitos dizem que nós devemos orar pela paz de Jerusalém, porque assim está escrito:

"Orai pela paz de Jerusalém! Prosperarão aqueles que te amam. Haja paz dentro de teus muros e prosperidade dentro dos teus palácios. Por causa dos meus irmãos e amigos, direi: haja paz em ti! Por causa da casa do SENHOR, nosso Deus, buscarei o teu bem." (Sl 122:6-9)

Ora, por causa deste salmo, muitos pensam que, orando por Jerusalém, serão pessoas prósperas. Mas isso é apenas superstição.

No entanto, eles oram por Jerusalém visando prosperidade. Mas, na verdade, a Jerusalém dos dias de hoje é o povo de Deus — ou seja, a igreja — e não aquela Jerusalém que está no Oriente Médio.

No passado, quando o salmista compôs esse salmo, Jerusalém era a cidade do povo de Deus; por isso ele estimula o povo a orar pela paz de Jerusalém. Mas, nos dias atuais, Jerusalém não é mais a cidade do povo de Deus — como muitos cristãos imaturos pensam.

Jerusalém é apenas uma cidade histórica e simbólica. Porque agora a Jerusalém do povo de Deus é a Jerusalém celestial. Ou seja, a nova Jerusalém, que descerá do Céu dos céus da parte de Deus.

Então, quando a Palavra diz: "Orai pela paz de Jerusalém!"

Está falando do povo de Deus e da Jerusalém celestial. Não está falando dessa Jerusalém — cidade turística, famosa como Paris.

Como está escrito: *"Jerusalém está edificada como uma cidade bem sólida, aonde sobem as tribos, as tribos do SENHOR, como testemunho de Israel, para darem graças ao nome do SENHOR, pois ali estão os tronos do juízo, os tronos da casa de Davi."* (Sl 122:3-5)

Está claro que o salmo não está falando da Jerusalém que mata os profetas e apedreja os enviados do Senhor: *"Jerusalém, Jerusalém, que matas os profetas e apedrejas os que te são enviados!"* (Lc 13:34)

Mas está falando da nova Jerusalém, a Jerusalém celestial.

Porque, onde é que esta Jerusalém turística está edificada como uma cidade bem sólida, se ela vive em guerra e já passou por dois exílios? E por onde estão subindo as tribos do Senhor a esta Jerusalém turística? Eu só vejo um bando de turistas e um povo que nega o Filho de Deus. E onde estão os tronos do juízo, os tronos da casa de Davi, se os judeus que moram lá em Jerusalém negam o Filho de Davi? Creio que agora já deu para perceber por que as guerras e os conflitos nunca cessam naquele lugar. Causa e efeito.

Eu estava vendo um vídeo de um pregador do evangelho que está acompanhando esta guerra entre Israel e seus inimigos. Ele mostrava os soldados judeus fazendo orações e adorando a Deus antes de partirem para a batalha. E ele se comovia vendo os soldados orando, dizendo que aquilo deveria ser um exemplo para nós, cristãos.

Mas esse irmão, que eu amo muito, vai ter que me perdoar, porque, na minha opinião, as orações e o louvor daqueles soldados judeus não têm nada de bom exemplo para nós, cristãos. Porque, será mesmo que eles estão orando e adorando o Deus de Abraão?

Como podem estar orando e adorando o Deus de Abraão, se negam o seu Descendente? Será que Deus recebe as suas orações?

Porque, se elas não forem feitas em nome do Senhor Jesus Cristo, de fato Deus não ouvirá. E isso é algo muito triste de se ver, pois estão desperdiçando voz e fôlego — suas orações não passam do teto, porque não são feitas em nome de Jesus. Mas como poderiam orar em nome de Jesus, se rejeitam o Senhor Jesus, o Filho de Deus?

Eu acho que há pregadores que pensam que o povo de Israel não precisa de Jesus para ser salvo. De fato, há muitos que pensam isso; pensam que os judeus serão salvos por sua história e religiosidade.

Mas não, não mesmo — o tratamento é igual para todos.

Como a Palavra de Deus nos mostra: *"Quem crê no Filho tem a vida eterna; quem, porém, mantém-se em desobediência ao Filho não verá a vida, mas sobre ele permanece a ira de Deus."* (Jo 3:36)

Porque, se um brasileiro não aceitar Jesus, a ira de Deus certamente estará sobre ele; e, da mesma forma, um judeu — se ele não aceitar Jesus — a ira de Deus também estará sobre ele.

Por isso eu digo, sem nenhuma superstição, que a oração e o louvor que aqueles soldados judeus estavam fazendo antes de partirem para a batalha não eram um bom exemplo para os cristãos; porque as orações de todos os que rejeitam o Senhor Jesus são uma abominação para Deus — seja grego ou seja judeu, de fato.

"Quem entregou Jacó como despojo e Israel aos ladrões? Será que não foi o SENHOR, aquele contra quem pecamos, em cujos caminhos eles não queriam andar, e a cuja lei não queriam obedecer? Então o SENHOR derramou sobre Israel a fúria da sua ira e a violência da guerra; ateou-lhes fogo ao redor, mas eles não perceberam; também os queimou, mas eles não deram atenção a isso." (Is 42:24,25)

Mas o orgulho dos judeus é muito grande — grande demais para reconhecer que mataram o verdadeiro Messias, e grande demais para reconhecer que, durante mais de dois mil anos, estiveram errados.

Por isso, eles cairão nas mentiras do anticristo e nos enganos do falso profeta, e acreditarão que o anticristo é o messias, o salvador de Israel. Tudo já está sendo preparado para esse dia que logo virá.

Eles serão ludibriados pelo falso deus, isso porque são orgulhosos e arrogantes, e pensam que têm a chave da verdade — mas sempre estiveram enganados. Durante muito tempo andaram enganados, e continuarão sendo enganados até o tempo em que o Senhor Jesus Cristo, o verdadeiro Messias e o verdadeiro Salvador, vier salvá-los.

E esse tempo está mais próximo do que nunca. Porque os judeus são arrogantes; mas, mesmo assim, oremos por eles. Oremos pelas almas que padecem com as guerras em Israel, e oremos também pelos palestinos — porque ambos os povos sofrem. Oremos pelos que estão no meio do fogo cruzado. Oremos para que Deus tenha misericórdia; oremos como Moisés e Arão oraram. Façamos nós a nossa parte — mesmo que seja inútil orar para que haja paz em Israel. Porque paz não haverá, enquanto houver consequências.

CAPÍTULO 10

CORREREI PARA O TRONO DA GRAÇA.

"Portanto, aproximemo-nos com confiança do trono da graça, para que recebamos misericórdia e encontremos graça, a fim de sermos socorridos no momento oportuno." (Hb 4:16)

Correrei para o Senhor, correrei para o trono da graça de Deus, onde certamente encontrarei socorro e livramento; pelo sangue do Cordeiro, me achegarei com confiança à santa e gloriosa presença de Deus. Para quem mais eu correria nos momentos de aflição?

O Senhor é a minha vida, o meu refúgio, a minha força, a minha vitória, o meu poder, a minha glória, a minha herança, a minha porção, o meu tesouro e a minha fonte, de onde procede todo bem que eu preciso. Tudo que eu preciso está no Senhor; só Ele pode suprir todas as minhas necessidades, só o meu Deus me satisfaz.

Quando vier a tempestade, correrei para o trono da graça e me abrigarei. *"Não temas, porque eu te salvei. Chamei-te pelo teu nome; tu és meu. Quando passares pelas águas, eu serei contigo; quando passares pelos rios, eles não te farão submergir; quando passares pelo fogo, não te queimarás, nem a chama arderá em ti."* (Is 43:1-2)

Porque o Senhor é o maior, o melhor e o mais seguro de todos os refúgios; por isso, me abrigarei à sombra das suas asas. No Senhor, eu estarei de fato assegurado e protegido, não apenas no presente, mas também no futuro e por toda a eternidade. Amém. Aleluia!

Não troco esta paz que estou sentindo por nada neste mundo.

Nem uma montanha de dinheiro maior que o monte Everest, nem um harém de mulheres maior do que a capacidade de público do Maracanã, com as mais belas virgens; nem toda fama e toda glória que o mundo possa me oferecer — não troco a glória de Deus por nada disso. Quando eu penso nas coisas eternas, as coisas do mundo se tornam minúsculas e insignificantes, porque aqui tudo é finito, e o finito nada é em comparação ao infinito. O mundo é finito, mas Deus é infinito. O Mundo é passageiro, mas o Deus eterno, é eterno.

O homem é pequeno e jamais compreenderá completamente a grandeza do Deus Altíssimo, o amor que excede todo entendimento.

Recentemente, aconteceu algo muito triste com uma mulher famosa nas redes sociais; segundo as informações que recebi, ela cometeu suicídio, jogando-se do seu apartamento. Uma mulher que se apresentava tão alegre e tão cheia de vida, através dos seus vídeos publicados na web — quem iria imaginar que tiraria a própria vida?

Esta notícia pegou muitos de surpresa.

Porque, recentemente, ela havia aceitado Jesus, abandonando o mundo e uma vida devassa de pecado, convertendo-se de todos os seus maus caminhos e se entregando totalmente ao Senhor Jesus.

E negou a si mesma, dizendo não às suas vontades carnais.

Pois era lésbica — isto é, mantinha relações com outras mulheres.

Porém, havia deixado a devassidão e a imoralidade por amor a Cristo. E, nos seus últimos vídeos postados antes de sua triste morte, ela só falava de Jesus, testemunhava do amor de Deus, demonstrava sua gratidão pelo Senhor e dizia o quanto estava feliz com Deus.

Dizia também o quanto Deus era maravilhoso e que se sentia impactada pelo amor de Deus. Se ela estava sendo sincera?

Sim, eu creio que sim, porque a boca fala do que o coração está cheio. *"Pois a boca fala do que o coração está cheio."* (Mt 12:34) (Exceto o caso dos falsos profetas, que falam em nome de Deus por pura vaidade, cobiça e ganância, para receber a glória dos homens.)

— *Então, por que ela se suicidou?*

Quem sabe? Só Deus sabe.

Só Deus sabe o que ela estava enfrentando.

Mas ela tinha um histórico de depressão e também demonstrava indícios de suicídio. O pastor que a acompanhava e a auxiliava relatou isso com muita tristeza no coração. Ele também dizia que ela não podia ficar sozinha, porque, nos últimos dias antes do suicídio, ela não andava muito bem — isso devido aos muitos problemas que estava enfrentando em sua vida pessoal. Antes de se suicidar, ela postou uma mensagem no seu Instagram, comunicando sua decisão, dizendo que havia perdido a batalha e também pedindo desculpas pelo que estava prestes a fazer — isto é, tirar a própria vida.

De fato, é triste; a morte sempre será uma coisa triste. Ainda mais nesta circunstância de suicídio, de uma mulher muito jovem.

Eu me pergunto: — *Por que ela não correu para o trono da graça?*

Deus estava tão perto... era só correr pra Ele!

Mas vai saber o que se passa na mente da pessoa nessas horas de escuridão causadas por uma depressão forte, aguda e profunda.

Mas eu creio que ela era uma mulher de Deus.

Acredito na sua conversão sincera; o único erro que ela cometeu foi ter sido fraca. Se ela alcançou a salvação? Quem sabe.

Mas eu creio que a sua salvação não seria algo impossível; acredito nessa possibilidade. A Palavra não fala nada acerca daquele que comete suicídio. Porém, a grande maioria dos cristãos diz que quem comete suicídio perde a salvação — ou seja, a vida eterna.

Todavia, eu não vejo nada escrito a respeito disso. O que eu vi foi Sansão tirando a própria vida para cumprir um propósito de Deus.

Quem pode julgar e dizer que ela perdeu a salvação?

Deus pode não ter aprovado a decisão dela, mas isso não quer dizer que Ele também não possa ter tido misericórdia de sua alma.

Porque o Senhor salva aquele que Ele quiser salvar; foi para isso que Ele morreu na cruz — para salvar aquele que Ele quiser salvar.

Quem é o homem para condenar aquele que Cristo salvou?!

Foi assim com o ladrão que foi crucificado ao seu lado: ele não merecia ser salvo, mas Jesus o salvou, porque podia salvá-lo e quis salvá-lo. Quem impedirá o Senhor de salvar alguém, se Ele pagou o preço pelos nossos pecados? Ele pode salvar quem Ele quiser, na hora que Ele quiser e do jeito que Ele quiser — porque Ele pagou o preço pra isso. E Ele sabe a dor que aquela mulher estava passando, a ponto de cometer tal loucura. Qual foi o erro dela? Não amar a sua própria vida neste mundo? Pelo que eu saiba, não amar a vida neste mundo não é pecado. Pelo contrário, peca quem encontra a sua vida neste mundo. *"Quem ama a sua vida irá perdê-la; e quem odeia a sua vida neste mundo irá preservá-la para a vida eterna."* (Jo 12:25)

Não estou incentivando ninguém a cometer suicídio, porque é claro que Deus não se agrada disso; só estou querendo dizer que ninguém pode julgar e decretar que quem comete suicídio já perdeu a salvação. Porque só Deus sabe de todas as coisas e de todas as circunstâncias. Há casos que só mesmo Deus pode enxergar bem lá no fundo. Pois Ele é o justo Juiz, que jamais cometerá nenhuma injustiça; e o Advogado fiel, que fará de tudo para salvar.

E, se Ele quiser, Ele salva.

Quem impedirá o sangue do Cordeiro de salvar mais uma alma?

Calem-se os homens, porque o mundo está doente, e a doença já tem se alastrado para a vida dos fracos. Mas Deus salvará os pobres de espírito, pois a eles pertence o Reino de Deus. *"Bem-aventurados os pobres de espírito, porque deles é o Reino dos céus..."* (Mt 5:3)

E, como eu sou pobre e necessitado, correrei para o trono da graça de Deus, porque sem Ele eu nada posso fazer — nada mesmo.

E, se você também se sente mal com o mundo ou consigo mesmo, não faça nenhuma bobagem; mas corra para o trono da graça de Deus e busque a salvação. Porque Deus é poderoso para te salvar.

Creio que, se aquela mulher tivesse corrido para o trono da graça de Deus, ela não teria cometido tamanha loucura contra a própria vida. Mas, como eu já disse antes, a Palavra de Deus não nos revela com precisão o que Deus pensa acerca de quem comete suicídio; mas nos revela que Deus é contra o homicídio. E o que é um homicida?

O homicida é todo aquele que odeia o seu próximo.

Você não precisa matar ninguém para ser um homicida; não — basta odiar alguém para se tornar um homicida. Se é assim, a grande maioria das pessoas são homicidas, mas, mesmo assim, estão cheias de orgulho. Deveriam estar envergonhados, em vez de atirar a primeira pedra. *"Todo o que odeia seu irmão é homicida, e sabeis que nenhum homicida tem vida eterna permanecendo em si."* (1Jo 3:15)

O meu amado irmão João disse isso movido pelo Espírito Santo de Deus; mas o próprio Senhor Jesus Cristo também disse:

"O vosso pai é o Diabo, e quereis satisfazer-lhe os desejos.
Ele foi homicida desde o princípio e não se firmou na verdade, pois nele não há verdade." (Jo 8:44)

— Como assim o Diabo foi homicida desde o princípio? Quer dizer que ele andava matando os anjos de Deus e escondendo os seus corpos?

Não, quer dizer que ele odiava tudo desde o princípio. Por isso não se firmou na verdade, porque carregava o ódio dentro de si.

O que é o suicídio, comparado ao homicídio?

Muitos dizem que o homicida e o suicida dão no mesmo; dizem que o suicida também é homicida, porque tirou a própria vida.

Mas o suicida não tira a sua própria vida por ódio, mas sim por fraqueza e desistência. O homicida, porém, mata porque odeia, e odeia porque é homicida. Todos os que odeiam são homicidas, mas o suicida não odeia ninguém — ele tira a própria vida por angústia e tristeza, por desistência, fraqueza e desespero; porque lhe falta paciência e lhe sobra ansiedade. Mas o homicida mata porque odeia.

Pelo que vemos, há muita diferença entre o suicida e o homicida.

Já disse uma vez e repito: não estou incentivando ninguém a cometer suicídio, porque isso é uma coisa do mal e não agrada ao Senhor. Porque, se certos pensamentos suicidas se passam pela sua cabeça, saiba que isso não é obra de Deus, e sim do maligno.

Mas isso não quer dizer que todos os suicidas estão perdidos.

Porém, se pensamentos suicidas vierem à sua mente, eu te aconselho a correr para o trono da graça de Deus, onde você certamente encontrará socorro e salvação em tempo oportuno.

Porque Deus é bom e fiel, e Ele nos ouve quando nós o buscamos.

Ir ao psiquiatra e tomar remédios antidepressivos ajuda; mas a verdadeira cura virá da mão de Deus. Por isso, nós devemos continuar buscando e perseverando em nossa busca, sem desanimar.

"Porque necessitais de perseverança..." (Hb 10:36)

Eu costumava beber e me drogar para aliviar a minha depressão; costumava tentar esquecer minha tristeza nos goles e nos tragos — pura ilusão. Porque isso é como tentar fugir de uma alcateia de lobos correndo para um beco estreito e sem saída. Minhas feridas iam ficando cada vez mais inflamadas e doloridas, pois as consequências dos meus erros eram como espinhos que nasciam e cresciam em minha carne. Não dá para ficar curado de uma doença tomando doses de veneno. Não dá para alcançar a paz buscando a guerra.

Mas isto sim é óbvio: se já é difícil se manter fiel, puro e íntegro estando sóbrio, estando embriagado e drogado se torna algo impossível. Por isso, é bom evitar as consequências, pois de fato elas virão sem avisar — e te alcançarão mais cedo ou mais tarde. Porque, realmente, quem se suicida não está fazendo a vontade de Deus.

Por isso, fica uma dúvida pairando no ar acerca da salvação de quem se suicidou. Mas o que nós também não conseguimos compreender, de fato, é o amor de Deus, que excede todo o nosso entendimento. Não vou negar que também já se passaram muitos pensamentos suicidas em minha cabeça, e eu garanto que não estava com ódio de ninguém — mas estava depressivo e desanimado com a vida ao meu redor; não conseguia encontrar no mundo nada que valesse a pena para continuar vivendo. (E até hoje não encontrei.)

Mas eu descobri que a verdadeira vida não está no mundo — a verdadeira vida está em Deus. Então corri para o trono da graça de Deus e encontrei o Senhor Jesus, que até neste exato momento tem sustentado a minha vida. E não somente sustentado a minha vida, mas Ele também tem me dado vida e paz. Pois Ele é o Autor da vida.

Sim, Ele me deu vida — e vida em abundância.

Porque eu corri, e ainda continuo correndo para o trono da graça.

Falo a verdade, dou testemunho de que o Senhor Jesus Cristo está vivo — não é coisa da minha imaginação. E Ele tem a cura completa.

Sim, falo a verdade: o Senhor Jesus Cristo é a minha vida.

Por isso, quando eu cometo um pecado, não estou pecando somente contra o meu Deus, mas também contra a minha própria vida. O mundo está doente, e a sua doença está sendo refletida nas almas das pessoas. Mas Jesus tem a cura para todo tipo de mal.

Por isso, correrei sempre para o trono da graça de Deus — porque isso sim me trará boas consequências. Graças a Deus. Aleluia!

CAPÍTULO 11

PROFANANDO O TEMPLO.

Está escrito na santa e fiel Palavra de Deus: *"Por acaso, furtando, matando, cometendo adultério, jurando falsamente, queimando incenso a Baal e seguindo outros deuses que não conhecestes, vireis e vos apresentareis perante mim nesta casa, que se chama pelo meu nome, e direis: Estamos seguros! Apenas para continuardes a praticar todas essas abominações? Esta casa, que se chama pelo meu nome, transformou-se para vós num antro de ladrões? E eu, eu mesmo, vi isso, diz o SENHOR. [...] Porque o povo de Judá fez o que era mau aos meus olhos, diz o SENHOR; puseram seus ídolos abomináveis na casa que se chama pelo meu nome, para profaná-la."* (Jr 7:9,10,11,30)

De repente, as escamas dos meus olhos caíram.

Então eu pude ver com mais clareza: o Enganador estava me enganando, mas eu não estava percebendo. Fui enganado por muito tempo — mas agora estou começando a enxergar as suas artimanhas.

Durante muito tempo, o Tentador me enganou. Ele vivia me acusando pelas atrocidades que eu havia cometido no passado, quando me desviei dos caminhos do Senhor, e andava bêbado e drogado, amontoando pecados sobre pecados. E isso me enfraquecia muito na minha fé. E não só isso, mas também abria uma brecha para que eu cometesse pecados menores. Pois assim o Tentador soprava no meu ouvido: — *Este pecadinho que você está sentindo vontade de cometer não é nada, comparado a outros pecados maiores que você já cometeu. É inútil resistir. Deus está te punindo pelos teus pecados. Não queira agora ser santo, porque coisas piores você já fez.*

E não é que ele conseguia me enganar com esse papo furado!

Mas, de fato, eu profanei o templo — isto é, o meu corpo — que deveria estar cheio do Espírito, porém estava cheio de imundícia.

Lamento pela minha imoralidade e devassidão.

Sei que Deus poderia me libertar de vez de todos os meus desejos impuros, mas isso não seria justo; por isso, Ele não o faz. Pois é necessário que eu colha todo o mal que plantei na minha carne.

Aprendi que os pecados menores que cometo em sã consciência estão em pé de igualdade com os pecados maiores que cometia quando estava bêbado e drogado, longe dos caminhos do Senhor.

Está certo que os pecados que eu cometia no passado, quando estava bêbado e drogado, eram pecados graves — pecados para a morte, dignos do fogo eterno. Mas eu não estava em sã consciência.

Na maioria das vezes, eu não tinha nem domínio próprio sobre a minha vontade, pois o álcool e a droga me dominavam e me tiravam o controle. Porém, o pecadinho menor e menos grave que eu cometo em sã consciência não é menos relevante do que os pecados maiores que cometo quando estou mui louco, pois estou cometendo tais erros em sã consciência e em plena lucidez, mesmo sabendo que é errado.

Por exemplo, quais destes dois pecados são maiores:

— Beber muito até perder o controle e, depois, ir a um bordel transar com uma prostituta; ou, estando sóbrio e com o juízo perfeito, me masturbar assistindo vídeos de novinhas dançando funk no TikTok?

Aparentemente, se masturbar assistindo vídeos sensuais no TikTok, estando sóbrio e bem lúcido, é um pecado de proporção menor. Porém, esse pecadinho que parece ser irrelevante é tão mau quanto o pecadão — isto é, quanto ao pecado que eu cometo quando estou bêbado, com a mente embaraçada e, na minha loucura, resolvo ir a um bordel transar com uma prostituta. Porque, no pecado menor, eu estarei pecando em plena lucidez; mas, no pecado maior, estarei pecando inconscientemente. Porque, se eu não tivesse bebido, eu jamais iria procurar uma prostituta. Pois o álcool tirou o meu equilíbrio e me fez cometer esse pecado; no entanto, mesmo estando bêbado, eu estarei cometendo um grande pecado transando com uma meretriz. E, certamente, as consequências desse pecado serão graves.

Mas, no caso de eu estar sóbrio, lúcido e em plena faculdade mental, sabendo muito bem o que estou fazendo, começar a assistir vídeos de novinhas dançando funk no TikTok e me masturbar vendo esses vídeos, o meu pecado também será tão mau como no outro caso. Porque, no outro caso, eu pequei com uma prostituta, mas não estava lúcido; mas, no caso do pecado menor, eu estava bem lúcido quando me masturbei. Sendo assim, os dois pecados, embora um seja maior do que o outro, acabam ficando em pé de igualdade por causa das circunstâncias. Mas é claro que se masturbar assistindo certos vídeos sensuais é bem menos danoso do que se prostituir com uma prostituta. Entretanto, ambos os pecados são pecados; as consequências é que serão menores ou maiores, dependendo do pecado que foi cometido. Sóbrio ou não sóbrio, o pecado é mau do mesmo jeito; mas as consequências serão maiores para os pecados maiores, e menores para os pecados menores. Mas, se a pessoa estiver sóbria e lúcida e, mesmo assim, cair em tentação, se deitando com uma prostituta, ela terá que suportar o peso das consequências.

Não estou falando para o mundo, e sim para os crentes: se ela cometer tal pecado, mas se arrepender do seu erro e pedir perdão a Deus, em nome de Jesus, Deus a perdoará; mas ela terá que suportar o peso das consequências — e vai precisar de muita força de vontade e perseverança para conseguir permanecer firme na presença de Deus. E, da mesma forma, se ela apenas se masturbar, ela estará pecando do mesmo jeito, mas o peso das consequências será menor.

Mas o peso do pecado da masturbação, mesmo sendo uma impureza menor — mas não menos mau — vai ficando cada vez mais grave e pesado, se tornar um hábito constante. Bom mesmo é vigiar.

O que estou querendo dizer é isto: quanto mais eu pecar, mais difícil vai ficando a minha caminhada com Deus; porém, mesmo pecando, eu ainda posso ser salvo, mas através do fogo — isto é, com dificuldades. *"Se a obra que alguém construiu permanecer, este receberá galardão. Se a obra de alguém se queimar, este sofrerá dano, mas será salvo, como alguém que passa pelo fogo."* (1Co 3:14,15)

Mas, felizmente, também está escrito: *"Se confessarmos os nossos pecados, Ele é fiel e justo para nos perdoar os pecados e nos purificar de toda injustiça. Se dissermos que não temos cometido pecado, nós o tornamos mentiroso, e a sua palavra não está em nós."* (1Jo 1:9,10)

Falo essas coisas porque sei, pelo Espírito Santo, que há muitos crentes profanando o templo do Senhor, que é o nosso corpo. Não estão vigiando, por isso muitos são fracos e débeis na fé. Porque muitos não têm nenhum conhecimento de Deus, não sabem nem discernir entre o bem e o mal. Pois estão longe de Deus por causa dos seus próprios pecados. Ela tem fé, mas não consegue alcançar o Senhor, pois está profanando o templo com seus pecados. Porque o pecado corta a nossa relação com Deus — e vai se tornando cada vez mais difícil se aproximar do Senhor; pois o pecado esfria o nosso amor, enfraquece a nossa fé, e as coisas só tendem a se complicar.

Esse tipo de alma precisa se arrepender de seus erros e voltar correndo para o Senhor, dobrar os seus joelhos, confessar os seus pecados e pedir perdão a Deus, em nome do Senhor Jesus. E, pelo sangue do Senhor Jesus, ela será perdoada e salva, se a sua oração for sincera; porque, se a oração não for sincera, ela não passará do teto. Mas ela precisa parar de profanar o templo com seus pecados, porque as consequências de seus pecados pesarão sobre a vida dela.

E isso esfriará o amor do seu coração e, com isso, ela pode acabar se desviando dos caminhos do Senhor, se apaixonando pelo mundo e se perdendo para sempre; e não é isso que Deus quer — não é a vontade do Senhor perder nenhuma ovelha. Por isso, não profane o templo, ou isto poderá acontecer: *"Esta é a nação que não obedeceu à voz do SENHOR, seu Deus, e não aceitou a correção; a verdade foi destruída e não se encontra mais em sua boca. Cortai o cabelo e jogai-o fora. Levantai um lamento sobre as colinas vazias; porque o SENHOR já rejeitou e desamparou esta geração, digna de ira."* (Jr 7:28,29)

Uma dura e triste coisa é ser rejeitado pelo Senhor.

Porque Deus pode se cansar do rebelde e reter a sua misericórdia.

Pois é isso que a Palavra de Deus nos revela: *"Tu me rejeitaste, diz o SENHOR, e retrocedeste; por isso, estenderei a minha mão contra ti e te destruirei; estou cansado de mostrar compaixão."* (Jr 15:6)

Conhecendo as consequências, terei cuidado para não profanar o templo de novo, como eu já profanei muitas vezes no passado.

Blasfemando contra o santo nome do meu Deus, cometendo pecados torpes, agindo loucamente, enganando e sendo enganado, profanando o templo e sofrendo as consequências dos meus atos.

Mas agora, pra mim, já basta! Pra que usar drogas, se o mundo já é uma droga? É como ter um novo pesadelo dentro de um pesadelo.

Prefiro manter a sobriedade, para também manter o controle.

Para não profanar o templo, nem blasfemar contra o Senhor, meu Deus. Pois Ele tem sido fiel a mim; por isso, eu também devo me esforçar para ser fiel a Ele. A Palavra do nosso Deus diz:

"Dou a ti, a teus filhos e tuas filhas, como porção para sempre, todas as ofertas alçadas das coisas sagradas que os israelitas oferecerem ao Senhor. É uma aliança perpétua de sal diante do Senhor, para ti e para tua descendência. O Senhor disse a Arão: Não terás herança alguma na terra deles, nem porção no seu meio. Eu sou a tua porção e a tua herança entre os israelitas." (Nm 18:19,20)

Os dízimos e as ofertas do povo de Deus são santas, são sagradas para o Senhor; são para a manutenção da obra de Deus, são para os sacerdotes, ou seja, os líderes das igrejas. Para que sirvam ao Senhor e vivam por meio das ofertas e dos dízimos da igreja, porque isso é justo. Porque eles estão cuidando do rebanho do Senhor como pastores. Mas um dia os pastores prestarão contas ao Senhor acerca dos dízimos e das ofertas sagradas da igreja. Mas, se eles foram honestos com os dízimos e as ofertas da igreja, eles não têm com que se preocupar. Pois fizeram a obra de Deus sem profanar as santas ofertas da igreja. Porque cada centavo ofertado pela igreja ao Senhor se torna santo para o Senhor; ai daqueles que profanam essas ofertas santas. Não falo isso aos pastores honestos, falo aos falsos pastores.

Que usam o dinheiro das ofertas e dos dízimos de modo profano, para obter benefícios desnecessários, por vaidade e por cobiça; usando a santa oferta da igreja não para sobreviver de modo digno, nem para beneficiar a obra de Deus, mas apenas para lucrar e beneficiar a si próprios, acima de tudo. Mas Deus cobrará estas coisas; cobrará as ofertas santas do Senhor que foram profanadas com gastos inúteis e por pura vaidade. Como os tais profetas do Pix, que surgem em suas redes sociais com a intenção de lucrar em cima das ovelhas débeis. Com suas falsas profecias, eles iludem muitas almas incautas, conseguindo arrecadar muito dinheiro com suas mentiras. São lobos devoradores — famintos, com água na boca. É o caso de uma pastora bem conhecida aqui no Brasil. Ela é a grande precursora desse movimento dos profetas do Pix; mas é tão abusada que faz questão de ostentar sua vida de luxo nas redes sociais. E o pior é que muitos continuam dando dinheiro para essa Jezabel, que faz questão de usar roupas sensuais para exibir seu belo porte físico.

Ela também gasta o dinheiro das ofertas com cirurgias plásticas, para ficar cada vez mais bela. Mas, se essa mulher não se arrepender, as consequências de suas maldades a alcançarão com força; e não haverá dinheiro, nem beleza, nem bens materiais que possam livrá-la.

"Dei-lhe tempo para que se arrependesse, mas ela não quer arrepender-se da sua prostituição." (Ap 2:21)

Eles também são conhecidos como pastores de celebridades, que querem Jesus, mas também querem viver como o mundo vive, sem abandonar seus pecados e suas paixões carnais. Mas os profetas da Babilônia só profetizam na vida deles o que eles querem ouvir; afinal, pagam muito bem esses profetas para isso — para ouvir bênçãos.

Mas as sinagogas de Satanás queimarão no fogo do inferno, por encaminharem tantas almas à perdição eterna. Eles não sabem o que os espera, quando o Senhor se levantar para julgá-los. Pois estão profanando o templo e não se arrependem de suas obras profanas, porque amam mais a glória do mundo do que a glória de Deus.

E, com suas doutrinas de demônios, fizeram e continuam fazendo muitas ovelhas sem entendimento pecar e se desviar da verdade.

O templo está sendo profanado. Quem o está profanando?

Eu sei que já profanei o templo, e muito, mas não quero mais profaná-lo. Sei que o Senhor ainda não me rejeitou nem me desamparou, porque, se Ele houvesse me rejeitado e desamparado, a Sepultura há muito tempo já teria aberto a boca para me engolir.

E os meus inimigos já estariam me punindo nas chamas ardentes do inferno. Por isso, tema e trema, e pare de profanar o templo — antes que a paciência de Deus chegue ao seu limite.

O HOMEM QUE DEUS NÃO QUIS PERDOAR.

Que grande perigo! E que triste destino — o mais triste de todos. Mas quem foi o homem que Deus não quis perdoar?

Este homem foi o rei Manassés, filho do rei Ezequias.

"Nos dias de Jeoaquim, subiu Nabucodonosor, rei da Babilônia, contra ele, e ele, por três anos, ficou seu servo; então se rebelou contra ele. Enviou o SENHOR contra Jeoaquim bandos de caldeus, e bandos de siros, e de moabitas, e dos filhos de Amom; enviou-os contra Judá para o destruir, segundo a palavra que o SENHOR falava pelos profetas, seus servos. Com efeito, isto sucedeu a Judá por mandado do SENHOR, que o removeu da sua presença, por causa de todos os pecados cometidos por Manassés, como também por causa do sangue inocente que ele derramou, com o qual encheu a cidade de Jerusalém; por isso, o SENHOR não o quis perdoar." (2Rs 24:1-4)

Manassés, filho de Ezequias, homem de Deus, não seguiu os passos de seu pai, que andava com integridade diante do Senhor.

Pelo contrário, ele fez o que era mau aos olhos do Senhor, maior do que todos os reis que houve em Israel, e isso lhe custou um preço muito alto — e as consequências vieram. *"E Manassés de tal modo os fez errar, que fizeram pior do que as nações que o SENHOR tinha destruído de diante dos filhos de Israel. [...] Além disso, Manassés derramou muitíssimo sangue inocente, até encher Jerusalém de um a outro extremo, afora o seu pecado, com que fez pecar Judá, praticando o que era mau perante o SENHOR."* (2Rs 21:9,16)

Manassés extrapolou em fazer o que era mau aos olhos do Senhor; por isso, a ira do Senhor se acendeu contra ele e contra Judá, que também o seguiu em suas práticas ímpias e abomináveis.

"O Senhor advertiu Manassés e o seu povo, mas eles não deram ouvidos. Então o Senhor enviou os comandantes do exército do rei da Assíria contra eles, os quais prenderam Manassés com ganchos e correntes de bronze e o levaram para a Babilônia. Em sua angústia, ele suplicou ao Senhor, seu Deus, e humilhou-se muito diante do Deus de seus pais. Quando ele orou, Deus foi favorável e atendeu-lhe a súplica, e o levou de volta a Jerusalém, ao seu reino. Então Manassés reconheceu que o Senhor era Deus. Depois disso, ele construiu um muro do lado de fora da Cidade de Davi, a oeste de Giom, no vale, até a entrada da porta dos peixes; e o fez passar ao redor de Ofel, e o levantou muito alto; também pôs oficiais do exército em todas as cidades fortificadas de Judá. Tirou os deuses estrangeiros e o ídolo do templo do Senhor, como também todos os altares que tinha construído no monte do templo do Senhor e em Jerusalém, e os jogou para fora da cidade. Também reformou o altar do Senhor e ofereceu sacrifícios de ofertas pacíficas e de ações de graças sobre ele; e ordenou a Judá que servisse ao Senhor, Deus de Israel.

Porém o povo ainda sacrificava nos altares das colinas, mas somente ao Senhor, seu Deus." (2Cr 33:10-17)

Como vimos acima, a vingança do Senhor veio sobre Manassés, que, por meio do rei da Assíria, foi levado cativo para a Babilônia, onde passou por muita angústia e sofrimento por causa dos seus muitos erros. Mas ele buscou ao Senhor em meio ao desespero e orou ao Senhor, o Deus de Israel; e o Senhor ouviu a sua oração.

E assim o trouxe de volta para o seu reino em Jerusalém. E ele se consertou com Deus. Mas será que Deus aceitou o seu conserto?

Ou Deus o rejeitou, como rejeitou a oferta de Caim?

Será que ele se consertou com integridade e sinceridade?

Eu acredito que não. O mal que ele fez foi tão grande que ficou enraizado nas entranhas de Judá. Por isso está escrito a seu respeito:

"Por isso, o SENHOR não o quis perdoar." (2Rs 24:4)

A Palavra diz que Manassés se consertou com Deus, mas também diz que Deus não o quis perdoar. E, se a Palavra diz que Deus não o quis perdoar, é porque Deus não o perdoou — mesmo depois que ele tentou buscar um conserto com Deus. Mas, pelo visto, nem assim Deus o perdoou. *"Tinha Manassés doze anos quando começou a reinar, e reinou cinquenta e cinco anos em Jerusalém. E fez o que era mau aos olhos do Senhor, conforme as abominações dos povos que o Senhor lançara fora de diante dos filhos de Israel. Pois tornou a edificar os altos que Ezequias, seu pai, tinha derribado; e levantou altares aos baalins, e fez aserotes, e adorou a todo o exército do céu, e o serviu. Também edificou altares na casa do Senhor, da qual o Senhor tinha dito: Em Jerusalém estará o meu nome eternamente. Edificou altares a todo o exército do céu, nos dois átrios da casa do Senhor. Além disso, queimou seus filhos como sacrifício no vale do filho de Hinom; e usou de augúrios e de encantamentos, e dava-se a artes mágicas, e instituiu adivinhos e feiticeiros; sim, fez muito mal aos olhos do Senhor, para o provocar à ira. Também a imagem esculpida do ídolo que tinha feito, ele a colocou na casa de Deus, da qual Deus tinha dito a Davi e a Salomão, seu filho: Nesta casa, e em Jerusalém, que escolhi de todas as tribos de Israel, porei eu o meu nome para sempre; e nunca mais removerei o pé de Israel da terra que destinei a vossos pais; contanto que tenham cuidado de fazer tudo o que eu lhes ordenei, toda a lei, os estatutos e as ordenanças dados por intermédio de Moisés. Manassés tanto fez errar a Judá e aos moradores de Jerusalém, que eles fizeram o mal ainda mais do que as nações que o Senhor tinha destruído de diante dos filhos de Israel."* (2Cr 33:1-9)

Foi por causa dos pecados de Manassés que a grande maioria de Judá se perdeu totalmente, sem volta, sem que houvesse cura para eles. Ou seja, ele destruiu a obra que o Senhor havia feito em Judá.

Os pecados de Manassés trouxeram duras consequências para Judá, pois corrompeu a maioria do povo; por isso, foi necessário o exílio de Judá, porque a ferida que Manassés causou em seu reinado se tornou incurável. *"Porque assim diz o Senhor: A tua fratura é incurável, e a tua ferida, gravíssima. Não há quem defenda a tua causa; não há remédio nem cura para a tua ferida."* (Jr 30:12,13)

Seria isso uma coincidência — o rei da Assíria levar Manassés cativo para a Babilônia? Pelo que eu sei, a Assíria era um reino e a Babilônia era outro reino; mas a Assíria levou Manassés justamente para a Babilônia. Isso não foi uma coincidência; era Deus dizendo para Manassés: — *Por tua culpa, e por todos os teus pecados e abominações que você cometeu, fazendo também todo Judá pecar, os arrastando para o caminho do mal. Por tua culpa, todo Judá sofrerá as consequências dos teus erros. Pois todos serão exilados e, como você, todos virão para esta terra, humilhados e presos com correntes, por causa da tua inspiração maligna, com a qual fizeste o meu povo pecar.*

Porque foi Manassés quem começou o incêndio que levou o povo de Judá cativo para a Babilônia. Por isso, Deus não o quis perdoar.

Mas eu sei que muitos dirão: — *Se Deus não o perdoou, então por que Deus ouviu a sua oração, quando ele estava preso na Babilônia?*

Creio que o Senhor o ouviu e o trouxe de volta por amor ao rei Ezequias, pai de Manassés, e também porque ele buscou a salvação do Senhor com fé — e Deus não resiste a uma ação de fé. Assim como também está escrito: *"Pedi, e vos será dado; buscai, e achareis; batei, e a porta vos será aberta. Pois todo o que pede recebe; quem busca acha; e, ao que bate, a porta será aberta."* (Mt 7:7,8)

Mas Deus conhecia o coração maligno de Manassés.

Porque era mau, por isso cometeu muitas maldades.

Provavelmente, ele voltou ao Senhor com fingimento. *"Contudo, apesar de tudo isso, Judá, sua irmã infiel, não voltou para mim de todo o coração, mas com fingimento, diz o Senhor."* (Jr 3:10)

Pode ser que a conduta de Manassés não tenha sido íntegra diante de Deus, isto é, ele não voltou ao Senhor de todo o coração; pelo visto, ele não era sincero diante de Deus, nem a sua conversão foi verdadeira. Porque, para Deus não querer perdoá-lo, certamente havia algo muito errado com ele — talvez a índole de um psicopata.

Não sei, mas certamente Deus conhecia muito bem o seu caráter.

Como eu já disse, para Deus não querer perdoá-lo, havia algo muito errado com ele. Ele sacrificou ao Senhor, mas, pelo visto, Deus não se agradou dos seus sacrifícios. *"Pois não tens prazer em sacrifícios e não te agradas de holocaustos; do contrário, eu os daria a ti. Sacrifício aceitável para Deus é o espírito quebrantado; ó Deus, tu não desprezarás o coração quebrantado e arrependido."* (Sl 51:16,17)

Manassés voltou e tentou remediar o seu grande erro; todavia, o seu coração não era sincero, e o seu arrependimento também não foi verdadeiro. Mas isso, para nós, é um exemplo, para que temamos a Deus; porque os nossos pecados podem, sim, chegar a um nível tão absurdo que pode não haver mais cura nem salvação para nós.

Por isso, tema e trema. Porque é como está escrito na Palavra: *"De Deus não se zomba..."* (Gl 6:7)

Eu conheço muitas histórias de pessoas famosas no meio gospel que abandonaram os caminhos do Senhor, voltando para o mundo.

Mas será mesmo que eles abandonaram a Deus, ou foi Deus que os lançou para longe da sua presença, por causa das suas obras más?

Porque é possível que isso aconteça; é possível que Deus se canse dos nossos frutos amargos e nos vomite para bem longe da sua santa e pura presença. *"Assim, porque és morno e nem és quente nem frio, estou a ponto de vomitar-te da minha boca..."* (Ap 3:16)

Ora, o que é vomitar?

Vomitar é lançar para fora do corpo algo que está dentro dele.

Ou seja, Jesus está dizendo que, se a pessoa se recusar a se consertar com Deus, Ele a lançará para fora do seu corpo, que é a igreja. Eu sei disso, porque o Senhor já me lançou para longe da sua presença, me exilando; isso porque eu estava vacilando demais.

Foram muitos os meus erros e os meus pecados; provoquei a ira do Senhor com as minhas maldades, e por isso o Senhor me lançou para longe da sua santa e pura presença. Porém, depois de um tempo — depois que eu paguei uma pequena parte do preço da minha rebeldia — Ele me trouxe de volta por sua bondade, misericórdia e graça; pois viu a minha dor e o meu sofrimento, e se compadeceu de mim — isso porque o meu arrependimento foi sincero (eu acho).

Por isso eu me humilho e continuarei me humilhando diante do meu Deus, porque Ele teve compaixão de mim, mesmo sem que eu merecesse; e eu sei muito bem que não merecia. Assim como Ele trouxe Jerusalém de volta do exílio, também teve misericórdia de mim e me trouxe de volta. Sou testemunha viva do amor, da graça, da bondade e da misericórdia de Deus. Entretanto, ainda sinto na pele as consequências dos meus erros até hoje — lamentavelmente.

"Porque estou contigo para te salvar, diz o Senhor! Destruirei totalmente todas as nações por entre as quais te espalhei. A ti, porém, não destruirei totalmente, mas eu te castigarei com medida justa. De maneira alguma te deixarei inteiramente sem castigo." (Jr 30:11)

Deus é fogo que consome! *"Mas houve também entre o povo falsos profetas, como entre vós haverá falsos mestres, os quais introduzirão encobertamente heresias destruidoras, negando até o Senhor que os resgatou, trazendo sobre si mesmos repentina destruição.*

Porque, se Deus não poupou a anjos quando pecaram, mas lançou-os no inferno e os entregou aos abismos da escuridão, reservando-os para o juízo; se não poupou ao mundo antigo, embora preservasse a Noé, pregador da justiça, com mais sete pessoas, ao trazer o dilúvio sobre o mundo dos ímpios; se, reduzindo a cinza as cidades de Sodoma e Gomorra, condenou-as à destruição, havendo-as posto para exemplo aos que vivessem impiamente; e se livrou ao justo Ló, atribulado pela vida dissoluta daqueles perversos (porque este justo, habitando entre eles, por ver e ouvir, afligia todos os dias a sua alma justa com as injustas obras deles); também sabe o Senhor livrar da tentação os piedosos e reservar para o dia do juízo os injustos, que já estão sendo castigados; especialmente aqueles que, seguindo a carne, andam em imundas concupiscências e desprezam toda autoridade. Atrevidos, arrogantes, não receiam blasfemar das dignidades, enquanto que os anjos, embora maiores em força e poder, não pronunciam contra eles juízo blasfemo diante do Senhor." (2Pe 2:1–11)

Por isso, mais uma vez eu digo: — *Tema e trema.*

Não abuse do amor e da bondade de Deus, nem brinque mais de ser crente; pois a obra de Deus é coisa séria — mais séria do que qualquer outra coisa. Muitos levam as coisas superficiais do mundo a sério, mas tratam as coisas de Deus como algo banal e supérfluo.

Cuidado! Porque Deus não precisa de você — na verdade, Ele não precisa de nenhum de nós; por isso, ninguém é indispensável.

Somos nós que temos que correr para Deus, e não esperar que Deus venha correndo para nós; pois Deus é soberano, e nós somos cacos. Há pessoas cheias de orgulho e arrogância, que pensam que, ao irem à igreja, estão fazendo um favor para Deus; mas, se não buscarem uma melhora, Deus pode se cansar delas e retirar delas a sua graça e a sua misericórdia. Pois, acima de tudo, Deus é justo e não tolera injustiça. Porque Ele é Deus — é Ele quem decide o que será de nós. Depois, não adianta reclamar, porque o Rei é soberano, e fará o que quiser. Perder o perdão de Deus, de fato, é a pior coisa que pode nos acontecer. Sim, essa é a pior de todas as consequências.

Mas eu continuarei me humilhando diante do Senhor, com as mesmas palavras ditas pelo rei Davi: *"Não me expulses da tua presença, nem retires de mim o teu Santo Espírito."* (Sl 51:11)

Longe de mim toda maldade. Não quero ser o próximo infeliz a perder o perdão de Deus — sem que haja cura. Deus me livre!

CAPÍTULO 13

HOMENS QUE FORAM HONRADOS POR DEUS.

Se eu não fosse tão fraco, tão falho, tão mau, tão pecador, tão egoísta, tão tímido, tão preguiçoso, tão desanimado, tão infiel, tão rebelde, tão inconstante, tão louco e tão insensato; se eu fosse um servo bom e fiel, e não um servo inútil, quem sabe — sim, quem sabe, talvez — eu até pudesse ser honrado por Deus. Mas eu sei quem sou, sei que, na maior parte do tempo, eu aborreço ao Senhor, pois não sei fazer a vontade de Deus, não sei fazer o bem, e lamento por isso.

Porém, a graça e a misericórdia de Deus me bastam.

Eu amo o que as histórias bíblicas contam acerca dos homens que fizeram a vontade de Deus e foram honrados por Deus. Homens que agradaram ao Senhor, que foram reconhecidos por Deus porque não falharam com Deus em seu chamado, apesar de suas imperfeições.

Homens fiéis com os quais Deus pôde contar.

(Lamento por Deus ainda não poder contar comigo.)

Fico imaginando a minha história sendo narrada como na Bíblia: que proveito Deus tiraria da minha história para inspirar ou passar alguma mensagem para alguém, se eu sou o maior dos pecadores, se — na verdade — eu nada tenho feito de bom? Ainda bem que Deus não depende de mim para realizar a sua obra; ainda bem que Deus é sábio e sabe que ainda não pode contar comigo — lamentavelmente.

Falo isso com muita tristeza no coração.

Sim, é muito triste, e como isso me machuca. Porque a minha triste realidade, no momento, é que eu ainda sou um servo inútil.

Não vou me iludir nem me enganar a mim mesmo; não vou pegar leve comigo mesmo, tapando o sol com a peneira, pois Deus conhece o meu proceder — é óbvio —, mas a sua clemência me sustenta.

Mas, na história, houve homens íntegros e fiéis que fizeram a vontade de Deus e foram honrados por Deus. Eu até posso fazer um resumo da história de alguns deles. Vou falar de Enoque, que andou com Deus e que fez a vontade de Deus em uma época em que os homens estavam descobrindo as suas mais profundas maldades e impiedades. Porque, enquanto os homens se afastavam do Criador, Enoque se aproximava cada vez mais de Deus; e isso agradou tanto ao Senhor, que Ele o tomou para si, tirando-o deste mundo perverso.

"Enoque andou com Deus durante trezentos anos; e gerou filhos e filhas. [...] Enoque andou com Deus até que não foi mais visto, porque Deus o havia tomado." (Gn 5:22,24)

Enoque andou trezentos anos com Deus. Isso é que é ser um servo perseverante; isto sim é amar o seu Criador. Ele tem o meu respeito, porque a vida aqui na Terra é dura e difícil. E quanto a Noé, homem justo, que mantinha sua integridade diante de Deus em meio a uma geração corrompida e violenta — o único homem justo e fiel sobre toda a face da Terra —, imagina a situação em que o mundo estava!

Porque, nos dias de hoje, nós vivemos num mundo corrompido e violento, mas há muitos homens justos nesta geração em que vivemos. E isso nos faz pensar que não estamos sozinhos. Mas, na época de Noé, não — ele era o único homem justo na sua geração.

A pressão que ele sofria do mundo certamente devia ser cruel.

Mas, mesmo estando sozinho, como um pingo branco numa tela negra e bem grande, ele não se deixou levar pelos embalos e pela tendência maldosa que estava tomando conta do mundo antigo.

Ele buscou ao Senhor, andou com Deus e fez a sua vontade. Pelo que Deus o honrou e lhe passou as instruções para construir uma arca, que salvaria a ele e a sua família do dilúvio que estava por vir.

Se não fosse pela justiça desse justo, eu não estaria aqui escrevendo estas palavras, e nem você estaria aí lendo estas palavras.

Mas, pela vida de um justo, Deus deu continuidade ao seu plano na terra dos viventes. *"Estas são as gerações de Noé. Ele era homem justo e íntegro em sua geração, e andava com Deus."* (Gn 6:9)

Agora vamos falar de um homem de fé, um homem que também andou com Deus em sua geração; um homem que se chamava Abrão, mas que recebeu a grande honra de ter o próprio nome mudado por Deus, que o chamou de Abraão — e que também o chamou de amigo. Este recebeu uma grande honra do Senhor, porque teve fé, amava o Senhor, andava com o Senhor e fazia a vontade do Senhor. Não foi à toa que Deus o honrou; ele foi digno de ser honrado. Ele saiu da terra de sua parentela para peregrinar em uma terra que não conhecia, porque acreditou na Palavra de Deus.

E o Senhor o honrou, engrandeceu o seu nome, o fez prosperar, abençoou as obras de suas mãos e lhe deu o filho que ele esperou por mais de vinte anos. De fato, era um homem de fé, que confiava e esperava no seu Deus. Mas Deus quis prová-lo e pediu a Abraão que lhe oferecesse, em sacrifício, o seu único e tão esperado filho. Ele, por sua vez, não negou o pedido do Senhor, mas se preparou para sacrificar o jovem. E, quando Abraão levantou a mão para sacrificar o seu único filho a Deus, o anjo de Deus bradou: *"Abraão, Abraão! Ele respondeu: Estou aqui. Então o anjo disse: Não estendas a mão contra o moço, não lhe faças nada, pois agora sei que temes a Deus, visto que não me negaste teu filho, teu único filho."* (Gn 22:11-12)

E porque Abraão não negou o seu único filho a Deus, Deus também não negou o seu Filho Unigênito, que veio a este mundo da descendência de Abraão, para ser o Descendente de Abraão e para salvar os filhos de Abraão, que andam pela fé no Deus de Abraão.

E estas foram as promessas que Deus fez ao seu amigo Abraão:

"E farei de ti uma grande nação, te abençoarei e engrandecerei o teu nome; e tu serás uma bênção. [...]

Abrão, não temas; eu sou o teu escudo, o teu galardão será muito grande. [...] Eu sou o Deus Todo-poderoso; anda na minha presença e sê íntegro. Firmarei a minha aliança contigo e te farei crescer muito em número." (Gn 12:2 / 15:1 / 17:1,2)

E até hoje os olhos de Abraão veem o povo da nação que Deus prometeu lhe dar, chegando ao paraíso em grande número, segundo a promessa do Deus santo e fiel. O que eu aprendo com isso?

Eu aprendo que vale a pena andar com Deus e fazer a sua vontade. Como Moisés, que também foi um grande homem de Deus e, como consequência, também foi honrado por Deus; pois ele foi fiel à sua missão e, por amor ao Senhor, suportou muitas tribulações no deserto. As Escrituras dizem a seu respeito: *"E o SENHOR falava com Moisés face a face, como quem fala com seu amigo."* (Êx 33:11)

Que honra, que graça e que glória foi essa, meu irmão Moisés?!

Conversar face a face com o Deus Altíssimo, de fato, é muita honra. E Deus também honrou a Josué, dando-lhe força e vitória para conquistar a terra prometida, revelando o seu braço forte ao seu servo. Pois Josué também optou por servir ao Senhor, o Deus de Israel, sendo fiel ao Deus fiel, que cumpriu a promessa que havia feito a Israel, dando-lhes como herança uma boa terra que manava leite e mel, como havia prometido. Disse Josué ao povo, após entrar e conquistar a terra prometida: *"E eu vos dei uma terra em que não trabalhastes, e cidades que não edificastes, e habitais nelas; e comeis de vinhas e de olivais que não plantastes. Agora, pois, temei ao Senhor, e servi-o com sinceridade e com verdade; deitai fora os deuses a que serviram vossos pais dalém do Rio, e no Egito, e servi ao Senhor. Mas, se vos parece mal o servirdes ao Senhor, escolhei hoje a quem haveis de servir: se aos deuses a quem serviram vossos pais, que estavam além do Rio, ou aos deuses dos amorreus, em cuja terra habitais. Porém eu e a minha casa serviremos ao Senhor."* (Js 24:13-15)

E Calebe também disse: *"Quarenta anos tinha eu quando Moisés, servo do Senhor, me enviou de Cades-Barnéia para espiar a terra, e eu lhe trouxe resposta, como sentia no meu coração. Meus irmãos que subiram comigo fizeram derreter o coração do povo; mas eu perseverei em seguir ao Senhor, meu Deus. Naquele dia Moisés jurou, dizendo: Certamente a terra em que pisou o teu pé te será por herança, a ti e a teus filhos, para sempre, porque perseveraste em seguir ao Senhor, meu Deus. E agora, eis que o Senhor, como falou, me conservou em vida estes quarenta e cinco anos, desde o tempo em que o Senhor falou esta palavra a Moisés, andando Israel ainda no deserto; e eis que hoje tenho já oitenta e cinco anos; ainda hoje me acho tão forte como no dia em que Moisés me enviou; qual era a minha força então, tal é agora a minha força, tanto para a guerra como para sair e entrar."* (Js 14:7-11)

Como o Senhor prometeu ao seu servo Calebe, assim Ele o honrou, porque Calebe perseverou em seguir ao Senhor, seu Deus.

Vai me faltar tempo para falar de todos os heróis da fé, mas posso me lembrar da honra que Deus concedeu a José do Egito, filho de Jacó. Também me vem à memória o livramento que Deus deu ao povo por meio de Gideão e seus trezentos homens. E o grande profeta Samuel, que serviu ao Senhor como juiz em Israel e trouxe um novo tempo de Deus para aquela geração. Ele julgou o povo do Senhor e também ungiu o primeiro rei de Israel; foi a voz de Deus durante os seus dias de vida — um grande homem de Deus, que foi honrado pelo seu Deus. Pois a história não deixou passar os seus atos de justiça, porque assim Deus quis que fossem contados e registrados. Foi ele também quem ungiu o grande rei Davi, que elevou Israel acima de todos os reinos ao seu redor, em sua época de glória e vitórias — pois a mão de Deus estava com ele.

Davi amava o Senhor e confiava no seu Deus forte — um simples pastor de um pequeno rebanho de ovelhas, o menor da casa de seu pai; todavia, Deus o viu e o escolheu para ser o rei de Israel.

Antes de ser ungido pelo vidente Samuel, eu acredito que o jovem Davi já andava com Deus e fazia a sua vontade; por isso, Deus o escolheu. Deus não o escolheu pela sua força, coragem, capacidade, sabedoria ou bravura — não. Deus o escolheu porque ele era íntegro e fiel, porque buscava o Senhor e procurava fazer a sua vontade.

Mas, depois que ele recebeu a unção, quando Samuel derramou o óleo sobre a sua cabeça, tudo começou a mudar em sua vida, naturalmente. Ele recebeu uma unção de rei, e essa unção que estava sobre sua vida começou a trabalhar em seu favor, abrindo portas, criando e preparando o caminho para o seu reinado. Por causa da unção, tudo foi acontecendo e cooperando para que Davi se tornasse rei em Israel; e por causa da unção que estava sobre ele, todos começaram a reconhecer que ele, Davi, seria o futuro rei de Israel.

Demorou um pouco, mas a unção de Deus o colocou no trono.

De fato, não é pela força nem pela capacidade do homem — é pela unção de Deus que está em sua vida. É inútil tentar realizar a obra de Deus sem a unção. No entanto, quando Deus unge uma pessoa, ela acaba se tornando aquilo que Deus a ungiu para ser.

Mas, quando alguém sai por sua própria força de vontade para pregar o evangelho, sem a unção de Deus, o resultado é quase nulo, porque na vida daquela pessoa não há unção nem poder para salvar.

Entretanto, eu também creio que, se alguém está com o desejo ardente de fazer a obra de Deus, é porque a unção de Deus já está em sua vida — como a unção que transformou um simples pastor de poucas ovelhas em um grande rei de uma numerosa nação.

É isso que a unção de Deus faz na vida do seu servo: ela executa o seu propósito, e não há quem a possa impedir. Foi assim com Davi, que andou com Deus e foi honrado por Deus — diferente do rei Saul, seu antecessor, que perdeu a unção e, consequentemente, também perdeu o seu trono de rei em Israel. Mas, mesmo sem a unção de Deus, ele não queria abrir mão do seu reinado; por isso, perseguia Davi com o intuito de matá-lo. Mas não dá para lutar contra a vontade de Deus. Por isso, Saul acabou morrendo na guerra e perdendo o trono, e Davi foi aclamado rei em seu lugar.

Deus não honrou Saul, porque Saul também não o honrava.

Ele não atentou à Palavra do Senhor, dita pelo profeta Samuel, que dizia que ele não seria mais rei; pelo contrário, se fez de surdo, não deu atenção à Palavra do Senhor e continuou com seu reinado.

Mas felizes foram os homens que foram honrados por Deus — homens como Jó, que também foi um homem íntegro e fiel a Deus.

Ele passou por uma grande provação, mas não blasfemou contra o seu Deus, pelo que Deus também o honrou grandemente. *"Havia um homem na terra de Uz, e seu nome era Jó. Ele era um homem íntegro e correto, que temia a Deus e se desviava do mal."* (Jó 1:1)

Deus também soube guardar a vida do etíope Ebede-Meleque no dia do exílio. Deus o honrou porque ele era um homem que o temia, pois Deus é fiel e justo, e não se esquece das almas que o temem.

Assim está escrito acerca do etíope: *"Ora, a palavra do Senhor viera a Jeremias, estando ele ainda encarcerado no átrio da guarda, dizendo: Vai, e fala a Ebede-Meleque, o etíope, dizendo: Assim diz o Senhor dos Exércitos, Deus de Israel: Eis que eu cumprirei as minhas palavras sobre esta cidade para mal e não para bem; e se cumprirão diante de ti naquele dia. A ti, porém, eu livrarei naquele dia, diz o Senhor, e não serás entregue na mão dos homens a quem temes. Pois certamente te salvarei, e não cairás à espada, mas a tua vida terás por despojo, porquanto confiaste em mim, diz o Senhor."* (Jr 39:15-18)

Foi este mesmo etíope, chamado Ebede-Meleque, que tirou o profeta Jeremias do fundo do poço, livrando o profeta da morte.

"Então os chefes disseram ao rei: Este homem deve morrer, porque, ao dizer essas palavras, está desanimando os guerreiros que restam nesta cidade e todo o povo; porque este homem não busca a paz para este povo, mas sua desgraça. O rei Zedequias disse: Ele está em vossas mãos; porque não é o rei que vos fará oposição. Então pegaram Jeremias e o lançaram na cisterna de Malquias, filho do rei, que estava no pátio da guarda; e desceram Jeremias com cordas. Mas na cisterna não havia água, apenas lama; e Jeremias atolou na lama. O etíope Ebede-Meleque, oficial que servia no palácio real, soube que haviam lançado Jeremias na cisterna.

Enquanto o rei estava assentado à porta de Benjamim, Ebede-Meleque saiu do palácio e foi falar ao rei: Ó rei, senhor meu, estes homens agiram mal em tudo quanto fizeram ao profeta Jeremias lançando-o na cisterna. É certo que morrerá no lugar onde se acha, por causa da fome, pois acabou-se o pão da cidade. Então o rei deu estas ordens a Ebede-Meleque, o etíope: Leva contigo três homens daqui e tira da cisterna o profeta Jeremias, antes que morra. Assim, Ebede-Meleque levou consigo os homens e entrou no palácio real, debaixo da tesouraria; e pegou dali uns trapos velhos e rasgados, e roupas velhas, e com cordas os baixou a Jeremias na cisterna. E Ebede-Meleque, o etíope, disse a Jeremias: Põe agora debaixo dos braços estes trapos velhos e rasgados, de modo que fiquem entre os braços e as cordas. E Jeremias fez isso. E tiraram Jeremias com as cordas e o alçaram da cisterna. E Jeremias ficou no pátio da guarda." (Jr 38:4-13)

Ebede-Meleque foi um homem justo diante de Deus, em uma época em que os homens justos estavam escassos — e devo lembrar que ele não era judeu, era um etíope. Por isso o Senhor também o honrou. Homens como Daniel, Jeremias, Ezequiel, Isaías, Elias, Eliseu, Ezequias, Josias, João Batista; e também mulheres como Maria, Ana, Rute, Miriã, Débora, Ester — enfim, almas que honraram a Deus e foram honradas. *"Pois honrarei os que me honram, mas os que me desprezam serão desprezados."* (1Sm 2:30)

Não dá para falar o nome de todos, mas digo com toda certeza:

— *Felizes os que honram o Senhor, porque também serão honrados.*

Homens como Zaqueu, o publicano, que abriu o seu coração para ouvir as palavras do Mestre, convertendo-se de todos os seus maus caminhos, doando metade dos seus bens aos pobres e restaurando os bens daqueles a quem havia defraudado. Ele entendeu a mensagem do evangelho; pelo que Deus também o honrou e lhe deu a vida eterna. Hoje ele vive numa paz indescritível no Éden. *"Ele não é Deus de mortos, mas de vivos, pois para ele todos vivem."* (Lc 20:38)

Todos os que honraram o Senhor, andando em sua presença e fazendo a sua vontade, estão descansando no paraíso; são almas felizes. Como disse o Espírito: *"Bem-aventurados os mortos que desde agora morrem no Senhor. Sim, diz o Espírito, para que descansem de seus trabalhos, pois suas obras os acompanham."* (Ap 14:13)

Homens que foram honrados por Deus — homens como Pedro, João, Timóteo, Filemom, Lucas, Paulo, Antipas, Demétrio, Tito, Apolo, Mateus, Marcos, Silvano, Agostinho, Billy Graham, enfim.

E por que não mencionar os homens de Deus dos tempos atuais?

Homens que fizeram e que ainda fazem a obra de Deus acontecer no meu país — homens que cooperaram com a obra do Espírito Santo, que ganharam muitas almas para o Reino do Senhor Jesus.

Homens que não são perfeitos, mas servem ao Senhor, como:

O missionário Davi Miranda, o pastor Silas Malafaia, o reverendo Hernandes Dias, o apóstolo Valdemiro Santiago, o mestre Augustus Nicodemus, o arqueólogo Rodrigo Silva, o bispo Edir Macedo, o pastor Elizeu Rodrigues, o apóstolo Rina, o missionário R.R. Soares, o missionário Cleiton Santos, o deputado Marco Feliciano, a cantora Ana Paula Valadão, o pastor Jhonatan Carlos, o pastor Juliano Fraga, enfim. E muitos outros homens e mulheres que serviram e ainda servem ao Senhor na obra de Deus, ganhando almas para o Reino e cooperando para a proclamação do evangelho de Cristo. A estes, Deus também os honrará — e já os tem honrado.

Porque, sobre todos os homens que mencionei desde o princípio, que foram honrados por Deus, nenhum deles foi perfeito; perfeito é Aquele que os honrou. Mesmo sendo fracos e falhos, eles buscaram ao único Deus verdadeiro, serviram ao Senhor e andaram com o Senhor; e, dentro de suas possibilidades humanas, fizeram a vontade de Deus. Por isso o Senhor os honrou, pois servem a Deus na Obra.

Quanto a mim, ainda tenho esperança.

Mas ainda estou quebrado — e meus pedaços estão espalhados pelo chão. Consequências — sim, consequências dos meus pecados.

Por isso, para ser honrado, vou precisar melhorar bastante.

Creio que ainda verei a glória de Deus em minha vida; e, quando isso acontecer, certamente honrarei ao meu Senhor e Deus, fazendo a sua vontade com inteireza — e o Senhor também me honrará.

Porque sei que não tenho feito plenamente a vontade de Deus — um pouco, talvez, mas não por completo. Sei que estou longe de ser um servo bom e fiel, mas creio que ainda verei a glória de Deus em minha vida. Porque é a glória de Deus que me transformará em um servo bom e fiel. Pois tudo é possível ao que crê — e eu creio.

Graças a Deus.

CAPÍTULO 14

TÃO PERTO, E AO MESMO TEMPO TÃO LONGE.

Assim é a relação de Deus com a humanidade:

Tão perto e, ao mesmo tempo, tão longe.

Deus está perto, sim, Ele está sempre por perto; entretanto, por causa do pecado e da dureza do coração do homem, Deus acaba ficando distante da humanidade. Não que esta seja a vontade de Deus; pelo contrário, Deus quer estar perto de todos, mas os homens rejeitam a presença de Deus. Por isso, Deus fica à distância, embora esteja sempre por perto. *"O Senhor está perto."* (Fp 4:5)

Como eu vejo no grupo do *WhatsApp* da minha mãe, percebi que todos os que usam o *WhatsApp* são apaixonados por Deus, pois o nome de Deus está sempre em destaque nas mensagens que eles passam uns aos outros a cada manhã. Das duas, uma: ou são almas cheias de amor pelo Deus Criador, ou usam o nome de Deus apenas por hábito. Eu fico com a segunda opção — só falam por hábito.

Mas é um tal de "Deus abençoe" o tempo todo, de fato.

É verdade: o nome de Deus é o bordão mais usado no *WhatsApp*.

Mas os mesmos que abrem a boca para falar de Deus são os mesmos que estão ouvindo músicas mundanas e enchendo a cara de cerveja, satisfazendo seus desejos carnais sem sentir nenhuma culpa.

São os mesmos que estão nas festas, agitando pra valer.

Os mesmos que, todos os domingos, estão na missa da Igreja Católica Romana. Mas eles não têm nenhum entendimento de Deus, não sabem discernir o que é certo e o que é errado, embora o nome de Deus não saia de suas bocas. Não tenho nenhuma dúvida; tenho certeza de que é aquilo que o Senhor Jesus disse: *"Este povo honra-me com os lábios; seu coração, porém, está longe de mim..."* (Mc 7:6)

Sei que muitos dirão: — *Quem falou que se divertir em uma festa é pecado? Pelo que eu saiba, Deus é Deus de alegria e não de tristeza.*

Mas eu digo que todo aquele que se alegra e se diverte com as coisas deste mundo, satisfazendo os seus desejos carnais, está pecando. Porque todo aquele que se alegra e se diverte longe da presença de Deus comete idolatria. Porque Deus criou o homem para se alegrar e se divertir diante da sua santa presença, como sinal de reverência e gratidão em santidade. Por isso, quando alguém sai para se divertir longe da presença de Deus, está indo se divertir na presença do diabo, que é o príncipe deste mundo, e isso é idolatria.

E Deus não tolera idolatria. *"Não vos torneis idólatras, como alguns deles, conforme está escrito: O povo assentou-se para comer e beber, e levantou-se para se divertir."* (1Co 10:7)

Demorou um pouco, mas eu aprendi. Eu já sabia que estava escrito; no entanto, tive dificuldade para colocar isso em prática.

O que eu aprendi? Aprendi que só posso ser íntegro diante de Deus, morrendo para o mundo e para o pecado que há no mundo.

Mas, assim como eu tive muita dificuldade de colocar isso em prática, também há muitos crentes que não estão conseguindo colocar isso em prática em suas vidas. Falo sério, pasmem: existem cristãos dentro das igrejas que são piores do que as pessoas que vivem no mundo — e sabem menos de Deus do que um satanista.

Isso sim é estar tão perto e, ao mesmo tempo, tão longe de Deus.

Porque muitos, por serem religiosos, estão tão cegos que pensam que a religião irá salvá-los; pensam que a instituição erguida pela mão do homem, com cimento, vigas, madeira, telhas e tijolos, é a igreja. Pensam que são as paredes e o teto daquele salão grande, belo e bem estruturado que irão salvá-los. (Não estou generalizando.)

Mas a Palavra de Deus nos revela isto: *"Pois onde dois ou três se reunirem em meu nome, ali estou no meio deles."* (Mt 18:20)

É a partir desse princípio que a igreja é formada: no momento em que o povo de Deus, movido pelo Espírito, se reúne no mesmo local para buscar ao Senhor, o Senhor se faz presente no meio do seu povo, e assim a igreja é formada. Porque a igreja é um corpo espiritual, o corpo de Cristo, composto por almas que buscam e que amam o Senhor. Vou dar um exemplo: na mesma rua do meu bairro há um boteco bem movimentado, cheio de pessoas se embriagando, e também há uma igreja, cheia de pessoas buscando e louvando a Deus. Se eu tirar as pessoas do boteco e colocá-las dentro do salão da igreja, e também tirar as pessoas de dentro do salão da igreja e colocá-las dentro do boteco, onde estará a igreja? No salão da igreja, onde estão os bêbados, ou no boteco, onde está o povo de Deus?

A igreja estará no boteco, onde estiver o povo de Deus; e não estará no salão onde é realizado o culto da igreja, porque lá estará cheio de almas mundanas que não têm nenhum interesse por Deus.

Porque Deus estará onde o Seu povo estiver. A igreja é a reunião do povo de Deus; não há edifícios santos, porque só Deus é santo.

Onde estiver a Sua presença entre o Seu povo, ali se torna um ambiente santo, porque é Deus quem santifica todas as coisas.

Há quem pensa estar perto de Deus, mas, na verdade, está longe.

Há quem pensa que está servindo ao Senhor, mas, na verdade, está servindo à instituição religiosa; pois colocam as doutrinas da sua instituição acima da Palavra de Deus. Por isso, pensam que estão perto, mas, na verdade, estão longe de Deus — e isso é muito triste.

Tão perto e, ao mesmo tempo, tão longe. Como um homem que é poderoso por causa das suas riquezas: Tão forte e, ao mesmo tempo, tão fraco. Como um homem alto e musculoso que pratica artes marciais: Tão forte e, ao mesmo tempo, tão fraco. Como um homem inteligente com vários diplomas emoldurados: Tão instruído e, ao mesmo tempo, tão desinstruído. (Espiritualmente falando.)

São homens que pensam que são fortes e capacitados, mas, na verdade, são fracos como moscas; porque um pedacinho de chumbo pode dar fim às suas vidas. Ou qualquer outro tipo de acidente inesperado pode acabar com suas vidas frágeis e fugazes; e todos aqueles que pensavam estar tão perto do sucesso, de repente acabam ficando tão longe. Porque a morte também parece estar longe, mas vai se aproximando e ficando cada vez mais perto de todos nós.

No entanto, o homem não consegue pensar sobre essas coisas e deixa a salvação da sua alma, que estava tão perto, sumir para tão longe. E tão longe que nunca mais poderá alcançá-la novamente.

Como na parábola do rico e do mendigo: o rico estava vendo a salvação do mendigo de perto; mas a sua própria salvação estava longe, impossível de ser alcançada, pois estava perdido para sempre.

Mas a salvação já esteve perto dele, e ele não soube aproveitar.

Porque Deus estava tão perto para salvá-lo, mas, por causa de sua impiedade e de suas escolhas erradas, Deus acabou ficando tão longe, e tão longe também ficou a sua salvação. Como costumava dizer o Sr. Omar, da série Todo Mundo Odeia o Chris: "Trágico!"

De fato, é muito trágico: estar tão perto, mas depois se ver tão longe da salvação. Tão longe de Deus, que não tem mais como voltar para perto do Salvador. Tão perto e, ao mesmo tempo, tão longe.

Tudo depende das nossas escolhas. A salvação da nossa alma está perto, assim como Deus também está perto; mas muitos rejeitam esta boa dádiva, lançando Deus e a salvação para bem longe de si.

E a verdadeira vida que estava tão perto acaba ficando tão longe.

E não foi a sorte nem o acaso que lançou aquela alma para a escuridão eterna; foi uma questão de escolha — ela mesma escolheu.

Porque está escrito: *"O Senhor está perto."* (Fp 4:5)

Mas a alma rebelde escolheu ir para longe de Deus.

E com certeza isso irá gerar uma "má consequência".

Na verdade, eu peguei leve ao chamar isso de "má consequência".

"O reino dos céus é semelhante a um rei que celebrou as bodas de seu filho. Enviou os seus servos a chamar os convidados para as bodas, e estes não quiseram vir. Depois enviou outros servos, ordenando: Dizei aos convidados: Eis que tenho o meu jantar preparado; os meus bois e cevados já estão mortos, e tudo está pronto; vinde às bodas. Eles, porém, não fazendo caso, foram, um para o seu campo, outro para o seu negócio; e os outros, apoderando-se dos servos, os ultrajaram e mataram. Mas o rei encolerizou-se; e, enviando os seus exércitos, destruiu aqueles homicidas e incendiou a sua cidade. Então disse aos seus servos: As bodas, na verdade, estão preparadas, mas os convidados não eram dignos. Ide, pois, pelas encruzilhadas dos caminhos, e a quantos encontrardes, convidai-os para as bodas.

E saíram aqueles servos pelos caminhos e ajuntaram todos quantos encontraram, tanto maus como bons; e encheu-se de convivas a sala nupcial. Mas, quando o rei entrou para ver os convivas, viu ali um homem que não trajava veste nupcial; e perguntou-lhe: Amigo, como entraste aqui sem teres veste nupcial? Ele, porém, emudeceu. Ordenou então o rei aos servos: Amarrai-o de pés e mãos e lançai-o nas trevas exteriores; ali haverá choro e ranger de dentes. Porque muitos são chamados, mas poucos escolhidos." (Mt 22:2-14)

Tão perto e, ao mesmo tempo, tão longe.

Há muitas almas que estavam firmes com Deus, nos caminhos do Senhor, mas acabaram se afastando do Senhor e morreram sem salvação. Ela estava tão perto, mas acabou tão longe da salvação.

No inferno, as suas consciências irão pesar ao se lembrarem de que tiveram muitas oportunidades, mas as jogaram fora por amar o mundo. As suas lembranças da vida terrena queimarão em suas consciências para sempre, junto com o fogo eterno — e isso é triste.

Ao se lembrarem de como as suas vidas eram boas na terra dos viventes, e ao se lembrarem das oportunidades de salvação que tiveram, porém rejeitaram, dizendo "não" para o Senhor Jesus, que o tempo todo esteve tão perto, sempre estendendo a sua mão, mas agora está tão longe e não pode mais salvá-los. Pois foi escolha da própria pessoa rejeitá-lo e ir para o mais profundo abismo em chamas. Como foi o caso de Ananias e Safira. (At 5:1-10)

Eles fizeram um voto com o Senhor, mas voltaram atrás, retendo parte do voto para si, e acabaram morrendo por tentar enganar a Deus. Se eles perderam a salvação, isso eu não sei dizer; mas sei que eles perderam a bênção e a aprovação de Deus, que certamente os honraria. Às vezes, a bênção de Deus está tão perto, mas por causa dos nossos próprios erros, ela parte para bem longe — e some à nossa vista, no horizonte. Tão perto e, ao mesmo tempo, tão longe.

É triste pensar que perdemos algo que esteve tão perto.

Mas eu digo novamente: assim é a relação de Deus com o homem: Tão perto e, ao mesmo tempo tão longe.

Mas eu não quero este triste destino para mim.

Eu quero estar perto e permanecer perto de Deus para sempre.

Já estive longe, mas agora estou perto e quero continuar assim: perto de Deus e Deus perto de mim — é desse modo que eu penso.

Seria uma insanidade pensar ao contrário, mas há quem pense.

Mas as consequências de estar perto de Deus serão a salvação e a vida eterna; e as consequências de estar longe de Deus serão a perdição e a morte eterna. Cabe a nós escolher o nosso destino.

Eu não sei você, mas eu já escolhi o meu.

Não basta ter somente fé; eu também preciso ter conhecimento.

Não basta ter somente conhecimento; eu também preciso ter fé.

Não basta ter fé e conhecimento; eu também preciso ter amor.

E não basta ter somente amor; eu também preciso ter pureza e santidade. O que estou querendo dizer é isto: eu preciso aprender a andar na presença de Deus com equilíbrio. Falo estas coisas para aqueles que almejam ser salvos. Todavia, os construtores andam cheios de arrogância — os líderes magnatas das instituições cristãs, os teólogos, os pastores, os mestres e os doutores — estão se corrompendo; estão como os religiosos estavam na época de Jesus.

(Não estou generalizando.)

Estão mortos na letra, pois perderam a simplicidade de Cristo.

Contudo, todos começaram bem em sua fé antes de se tornarem os construtores, isto é, os maiorais das instituições religiosas.

Ou melhor dizendo, os maiorais da tal igreja institucionalizada.

Porém, eles pensam que avançaram na fé, mas, na verdade, retrocederam, porque Deus não trabalha com os construtores; o Senhor trabalha com pedras rejeitadas. Foi isso mesmo que falei: o Senhor não trabalha com os construtores; o Senhor trabalha com as pedras rejeitadas. *"Que quer dizer, pois, o que está escrito: A pedra que os construtores rejeitaram, esta veio a ser a principal pedra, angular? Todo o que cair sobre esta pedra ficará em pedaços; e aquele sobre quem ela cair ficará reduzido a pó."* (Lc 20:17,18)

Maranata! Vem, Senhor Jesus.

CAPÍTULO 15

O

TOLERÂNCIA ZERO.

Tolerância zero para o pecado e para a mentira!

"Ao aproximar-se a Páscoa dos judeus, Jesus subiu para Jerusalém. E encontrou no pátio do templo os que vendiam bois, ovelhas e pombas, além dos cambistas ali sentados; fez então um chicote de cordas e expulsou todos do pátio do templo, bem como as ovelhas e os bois; e esparramou o dinheiro dos cambistas, e revirou as suas mesas. Então disse aos que vendiam as pombas: Tirai estas coisas daqui; não façais da casa de meu Pai um mercado. E seus discípulos lembraram-se de que está escrito: O zelo pela tua casa me consumirá." (Jo 2:13-17)

De fato, parece que Jesus não era muito tolerante.

Ele pregava o amor, mas não tolerava a maldade e a impiedade.

Já os cristãos moderninhos de hoje também pregam o amor, mas incentivam a tolerância às coisas que são contrárias à Palavra de Deus — e isso em nome do amor. Coisa que Jesus nunca ensinou.

Pelo contrário, Ele mesmo disse: *"Mas tenho contra ti que toleras Jezabel, mulher que se diz profetisa..."* (Ap 2:20)

E outra vez Ele diz: *"Mas tens a teu favor que odeias as obras dos nicolaítas, as quais Eu também odeio."* (Ap 2:6)

Jesus pregava o amor, mas não tolerava a maldade e o pecado.

Pois Ele mesmo disse para aquela mulher que foi pega em adultério: *"Então, erguendo-se Jesus e não vendo a ninguém senão a mulher, perguntou-lhe: Mulher, onde estão aqueles teus acusadores? Ninguém te condenou? Respondeu ela: Ninguém, Senhor. E disse-lhe Jesus: Nem Eu te condeno; vai-te e não peques mais."* (Jo 8:10-11)

Jesus não condenou aquela mulher; pelo contrário, Ele a perdoou.

Entretanto, também não concordou com o seu ato de adultério; pelo contrário, disse à mulher: *"Vai-te e não peques mais."* (Jo 8:11)

Ou seja, o Senhor Jesus disse para aquela mulher: — *Eu não te condeno, mas não cometa mais esse tipo de pecado; arrependa-se.*

Ele não passou a mão sobre a cabeça daquela mulher dizendo:

— *Eu não te condeno por causa deste pecado que você cometeu; fique em paz e não se preocupe, porque Eu te aceito do jeito que você é; não precisa abandonar o seu pecado, porque Eu te amo assim mesmo.*

Não, o Senhor não disse isso. Pelo contrário, lembrou a mulher do seu pecado e disse para ela não voltar a cometer o mesmo erro.

Jesus não foi tolerante com o pecado daquela mulher, mas a repreendeu quando disse: *"Vai-te e não peques mais."* (Jo 8:11)

Nem nós, servos de Deus, devemos tolerar o pecado. *"Mas tenho contra ti que toleras Jezabel, mulher que se diz profetisa..."* (Ap 2:20)

Deus não se agrada quando toleramos certos tipos de pecados, que deveriam nos causar repulsa; mas, não — pelo contrário — passam tranquilos aos nossos olhos, como se fossem algo aceitável para os dias de hoje, tratando o pecado como se fosse algo normal.

Mas Jesus nos advertiu: *"Vai e não peques mais."* (Jo 8:11)

Ele nos ensina a não sermos tolerantes com o pecado.

Ele nos ensina a ter misericórdia, mas também nos ensina a não tolerar o pecado. Em outra passagem, o Senhor Jesus também disse a mesma coisa a outro pecador: *"Olha, já estás curado; não peques mais, para que não te aconteça coisa pior."* (Jo 5:14)

Essa coisa pior que Jesus disse àquele homem é a perdição eterna.

Atualmente, confrontar o pecado e tratá-lo como um erro, e não como algo comum para o século XXI, pasmem, tornou-se um absurdo para o mundo e para muitos que se declaram pessoas de Deus. Hoje, quem denuncia o pecado é tratado como pecador. Dizer que o homossexual não herdará o Reino de Deus se persistir na prática do homossexualismo, pasmem, pode se tornar caso de polícia, e eu posso até ser preso por pregar a verdade que está na Palavra de Deus. Pois eles querem descredibilizar a santa Palavra de Deus, inerrante e verdadeira, para se justificar em suas libertinagens.

Eles dizem que querem Jesus, mas estão sendo hipócritas.

Mas, se pensam que Deus é como eles, estão muito enganados.

Porque Deus jamais mudará a sua santa Palavra para satisfazer os caprichos e as depravações desta raça de serpentes peçonhentas.

Não, Deus é bom, mas não tolera o mal. Para esses que querem mudar a Palavra de Deus para se moldar aos padrões do mundo e para se justificar em seus pecados e devassidões; e para os hipócritas que pensam que Deus é um pobre coitado que não sabe se defender, para essa raça de víboras eu digo: — *Tolerância zero!*

Isso mesmo: tolerância zero, sem receio e sem mimimi.

Se alguém quiser me processar, vá em frente! Está escrito:

"Mas ai de vós, escribas e fariseus, hipócritas! Porque fechais aos homens o Reino dos Céus; pois nem vós entrais, nem aos que entrariam permitis entrar. [Ai de vós, escribas e fariseus, hipócritas! Porque devorais as casas das viúvas e, sob pretexto, fazeis longas orações; por isso recebereis maior condenação.] Ai de vós, escribas e fariseus, hipócritas! Porque percorreis o mar e a terra para fazer um prosélito; e, depois de o terdes feito, o tornais duas vezes mais filho do inferno do que vós. Ai de vós, guias cegos! Que dizeis: Quem jurar pelo ouro do santuário, esse fica obrigado ao que jurou. Insensatos e cegos! Pois qual é maior: o ouro ou o santuário que santifica o ouro? E: Quem jurar pelo altar, isso nada é; mas quem jurar pela oferta que está sobre o altar, esse fica obrigado ao que jurou. Cegos! Pois qual é maior: a oferta ou o altar que santifica a oferta? Portanto, quem jurar pelo altar jura por ele e por tudo quanto sobre ele está; e quem jurar pelo santuário jura por ele e por aquele que nele habita; e quem jurar pelo céu jura pelo trono de Deus e por aquele que nele está assentado.

Ai de vós, escribas e fariseus, hipócritas! Porque dais o dízimo da hortelã, do endro e do cominho, e tendes omitido o que há de mais importante na lei, a saber: a justiça, a misericórdia e a fé; estas coisas, porém, devíeis fazer, sem omitir aquelas. Guias cegos! Que coais um mosquito e engolis um camelo. Ai de vós, escribas e fariseus, hipócritas! Porque limpais o exterior do copo e do prato, mas, por dentro, estão cheios de rapina e de intemperança. Fariseu cego! Limpa primeiro o interior do copo, para que também o exterior se torne limpo. Ai de vós, escribas e fariseus, hipócritas! Pois sois semelhantes aos sepulcros caiados, que por fora realmente parecem formosos, mas por dentro estão cheios de ossos e de toda imundícia. Assim também vós exteriormente pareceis justos aos homens, mas por dentro estais cheios de hipocrisia e de iniquidade. [...] Serpentes, raça de víboras! Como escapareis da condenação do inferno?" (Mt 23:13-28,33)

Aí está a prova de que Jesus não tolera o erro e a maldade do homem, seja ele quem for, seja grande ou pequeno; para Deus todos são iguais. Deus não tolera os que querem trocar a verdade pela mentira. Para os fariseus — isto é, para os hipócritas:

— *Tolerância zero!*

Para os que fazem vista grossa para o pecado:

— *Tolerância zero!*

Para os hipócritas que querem mudar a Palavra de Deus:

— *Tolerância zero!*

Para os cristãos que querem se moldar ao mundo:

— *Tolerância zero!*

Para os depravados infiéis, que querem ter o mesmo direito dos fiéis, que querem que os crentes aprovem suas atitudes devassas:

— *Tolerância zero!*

Tolerância zero para o mundo e para o pecado. E, como alguns dizem: — *Deus ama o pecador, mas não tolera o pecado.*

Concordo plenamente com esse pensamento. Se Deus não tolera o pecado, eu também não vou tolerar. Não vou amaciar para ninguém, como muitos falsos pastores amaciam, desviando muitos para o mau caminho, tudo em nome do amor. *"Serpentes, raça de víboras! Como escapareis da condenação do inferno?"* (Mt 23:33)

Para vocês que estão alargando a porta do Reino de Deus, levando o rebanho do Senhor à perdição: — *Tolerância zero!*

Tolerância zero para os fofoqueiros de plantão, isto é, para os caçadores de escândalos, que plantam a semente da discórdia.

"Ainda que te laves com soda e uses muito sabão, a mancha da tua maldade permanece diante de mim, diz o SENHOR Deus." (Jr 2:22)

E a Palavra do Senhor Jesus ainda diz: *"Ai dos pastores que destroem e dispersam as ovelhas do meu pasto, diz o Senhor.*

Portanto, assim diz o Senhor, o Deus de Israel, acerca dos pastores que apascentam o meu povo: Vós dispersastes as minhas ovelhas, e as afugentastes, e não as visitastes. Eis que visitarei sobre vós a maldade das vossas ações, diz o Senhor." (Jr 23:1-2)

Tolerância zero para os falsos pastores, que só querem lucrar com a lã das ovelhas, mas não se preocupam em conduzi-las aos pastos verdejantes. Tolerância zero para os falsos profetas, que fazem a obra de Deus visando o lucro, cheios de cobiça e de ganância — profetizam mentiras e ilusões para enganar os fracos, inconstantes e débeis na fé. *"Os teus profetas, ó Israel, têm sido como raposas nos desertos. Não subistes às brechas, nem fizestes uma cerca para a casa de Israel, para que permaneça firme na peleja no dia do Senhor. Viram vaidade e adivinhação mentirosa os que dizem: O Senhor diz; quando o Senhor não os enviou; e esperam que seja cumprida a palavra. Acaso não tivestes visão de vaidade e não falastes adivinhação mentirosa, quando dissestes: O Senhor diz; sendo que eu tal não falei? Portanto, assim diz o Senhor Deus: Porque tendes falado vaidade e visto mentiras, por isso eis que eu sou contra vós, diz o Senhor Deus. E a minha mão será contra os profetas que veem vaidade e que adivinham mentira; não estarão no concílio do meu povo, nem nos registros da casa de Israel se escreverão, nem entrarão na terra de Israel; e sabereis que eu sou o Senhor Deus. Portanto, sim, porquanto desviaram o meu povo, dizendo: Paz; e não há paz; e quando se edifica uma parede, eis que a rebocam de argamassa fraca; dize aos que a rebocam de argamassa fraca que ela cairá. Sobrevirá forte chuva, grandes pedras de saraiva cairão, e um vento tempestuoso a fenderá."* (Ez 13:4-11)

Eles não procuram edificar a igreja, mas tapam as brechas com argamassa fraca, profetizando ilusões; por isso, para eles e para tantos outros mercenários da obra de Deus: — *Tolerância zero!*

Deus também não se agradou do sacerdote Eli, que fazia vista grossa às maldades e aos pecados dos seus dois filhos. (1Sm 2:12,17)

Deus não se agradou da tolerância do sacerdote Eli. *"E veio um homem de Deus a Eli e disse-lhe: Assim diz o Senhor: Não me manifestei, na verdade, à casa de teu pai, estando eles ainda no Egito, na casa de Faraó? E eu o escolhi dentre todas as tribos de Israel por sacerdote, para oferecer sobre o meu altar, para acender o incenso e para trazer o éfode perante mim; e dei à casa de teu pai todas as ofertas queimadas dos filhos de Israel. Por que pisastes o meu sacrifício e a minha oferta de alimentos, que ordenei na minha morada, e honras a teus filhos mais do que a mim, para vos engordardes do principal de todas as ofertas do meu povo de Israel? Portanto, diz o Senhor Deus de Israel: Na verdade tinha falado eu que a tua casa e a casa de teu pai andariam diante de mim perpetuamente; porém agora diz o Senhor:*

Longe de mim tal coisa, porque aos que me honram honrarei, porém os que me desprezam serão desprezados." (1Sm 2:27-30)

Tolerância zero para o mundo que jaz no maligno e para a cobiça.

Não pegarei leve nem comigo mesmo, por isso digo: — *Tolerância zero para a minha grande fraqueza e para a minha grande insensatez!*

Há igreja que presta culto à instituição, há igreja que presta culto aos anjos, há igreja que presta culto ao dinheiro, há igreja que presta culto às imagens de escultura, e há igreja que presta culto aos reformadores. Falo isso para mostrar o quanto nós, cristãos, somos imperfeitos — assim como as instituições. Não que eu quisesse o fim das instituições religiosas, isto é, das denominações cristãs; por isso, não recomendo a ninguém deixar de congregar. Pois as instituições religiosas, isto é, a Religião, são um mal necessário, porque os novos convertidos precisam da religião para aprender a dar os primeiros passos com o auxílio do homem, através das instituições, até que cresçam e aprendam a andar sozinhos. Mas sou contra a ideia de colocar a instituição religiosa no mesmo patamar da igreja, como se Deus fosse a cabeça da instituição ou como se Deus só pudesse agir dentro dela. Porque Deus está acima de tudo; Ele está dentro e fora das instituições, isto é, não está limitado a agir apenas dentro delas.

Falo isso para os débeis na fé, que pensam que Deus não pode ser Deus fora das paredes da instituição. Para os religiosos que amam mais a glória dos homens do que a glória de Deus, que pregam não haver salvação fora de suas instituições religiosas: — *Tolerância zero!*

Que assim seja. O que falei, falei, e não voltarei atrás.

CAPÍTULO 16

BOCA NO PÓ.

(PARTE 02)

Estou triste e desanimado, estou aflito e angustiado, estou fraco e debilitado, pois os meus pecados pesam sobre mim — mais uma vez, eu lamento. Acho que há algo quebrado em mim — mas não sei bem o que é. Não sei explicar, não sei até quando Deus irá me suportar.

Deus está irado comigo por causa da minha fraqueza e da minha insensatez; por essa razão, eu coloco a minha boca no pó. Porque os meus muitos erros acenderam a ira de Deus contra mim; por isso, estou destruído. As consequências dos meus erros acabaram comigo.

As minhas lamentações penetram os céus e entram além do véu; chegam aos ouvidos do Altíssimo, de quem eu espero alcançar graça e misericórdia. Por isso, continuarei prostrado — com a boca no pó.

Não tentem me consolar, porque não vou me levantar das cinzas; rejeito os conselhos humanos, rejeito palavras vazias de autoajuda.

Reconheço as minhas maldades, por isso aceito as consequências.

Sim, são estas as palavras de um insensato: — *Pequei, mais uma vez fui fraco e não pude resistir à tentação; e, mais uma vez, fiz o que era mau aos olhos do Senhor. Blasfemei contra o seu santo Nome, desviando-me da fidelidade, da retidão e da integridade; entreguei-me à fome voraz da minha carne, que acendeu uma chama ardente na minha consciência. "Pequei contra ti... [...] e fiz o que é mau diante dos teus olhos; por isso tua sentença é justa, e teu julgamento é puro."* (Sl 51:4)

Por isso, na sua ira, Deus decretou algo a meu respeito, e o que Ele disse está dito — perdi a bênção, e isso me deixou frustrado, pois o que era para ser não foi; e o que não era para ser acabou sendo.

As minhas obras más me trouxeram resultados negativos.

E quanto à bênção que eu perdi, essa está perdida. São apenas águas passadas, pois eu sei que nunca mais hei de recebê-la.

Verei apenas as consequências amargas dos meus próprios erros e pecados. Entretanto, eu perdi apenas algumas bênçãos, mas isso não quer dizer que não possam mais existir outras bênçãos de Deus para mim; pois a mão de Deus é cheia de bênçãos — bênçãos inesgotáveis.

Sendo assim, vigiarei e tomarei mais cuidado.

O que estou querendo dizer desde o princípio é isto: bênçãos podem se transformar em maldições através dos nossos próprios erros; mas as maldições podem ser quebradas através de uma vida justa e piedosa diante de Deus. Porque Deus é bom, compassivo e se arrepende do mal. *"Convertam-se ao SENHOR, seu Deus, porque Ele é bondoso e compassivo, tardio em irar-se e grande em misericórdia, e muda de ideia quanto ao mal que havia anunciado."* (Jl 2:13)

Reconheço que não é tempo para me orgulhar, e sim para me humilhar. Sei que o tempo da dor já está passando; por isso, seguirei me humilhando, para que eu não venha a me vangloriar em mim mesmo, correndo assim o risco de perder as bênçãos novamente.

Porque quem confia em si próprio caminha em direção ao erro. Foi assim que eu tropecei e caí, confiando em mim mesmo.

Falo estas coisas porque elas precisam ser ditas.

Falo estas coisas porque o tempo do fim está próximo. Falo estas coisas porque não são poucas as almas que andam ensoberbecidas.

Nem sempre, mas às vezes, a derrota é melhor do que a vitória.

Nem sempre, mas às vezes, a tristeza é melhor do que a alegria.

Minhas palavras podem parecer negativas, mas são verdadeiras.

Não rejeite a disciplina e a correção de Deus. Porque, às vezes, um coração quebrantado é melhor do que um coração contente; porque as dores que um crente sente são para sua própria salvação.

Sem dor não há ganho, sem sacrifício não há recompensa. A via dolorosa até o Calvário nos mostra isso: Jesus nos deu o exemplo.

Porque Deus fez a sua parte, agora nós temos que fazer a nossa; Ele jamais fará por mim aquilo que eu posso fazer, pois isso não seria justo. Mas o que não está ao meu alcance está ao alcance do Senhor; Ele só fará por mim o que não está ao meu alcance. Mas a nossa parte não é difícil; esta é a nossa parte: *"Sujeitai-vos, portanto, a Deus; mas resisti ao diabo, e ele fugirá de vós. Chegai-vos a Deus, e ele se chegará a vós outros. Purificai as mãos, pecadores; e vós que sois de ânimo dobre, limpai o coração. Afligi-vos, lamentai e chorai. Converta-se o vosso riso em pranto, e a vossa alegria, em tristeza. Humilhai-vos na presença do Senhor, e ele vos exaltará."* (Tg 4:7-10)

A nossa parte é nos sujeitar ao Senhor e resistir às tentações do Tentador; a nossa parte é tomar a nossa cruz e negar a nós mesmos.

Este é o sacrifício que nós temos que fazer para alcançar a vida eterna: negar as nossas vontades carnais e o pecado que há no mundo. Não estou falando de sacrifício de dinheiro e bens materiais.

Porque Deus já está cheio dessas coisas — de sacrifícios de tolos.

E, sabendo muito bem que sou fraco e falho, sabendo que todos os dias eu cometo pecados, continuarei com a minha boca no pó.

Sim, continuarei me humilhando diante do Senhor, meu Deus.

Deixarei de ser orgulhoso e reconhecerei que sou um miserável pecador, fraco e falho. Porque é como está escrito: *"Portanto, aquele que sabe que deve fazer o bem e não o faz, comete pecado."* (Tg 4:17)

Ora, quanto bem eu poderia fazer e não faço! Por causa do meu grande egoísmo e da minha falta de disposição para fazer o bem.

Mas quando é algo para o meu benefício próprio, então sim, eu me vejo cheio de disposição; porque sou mau e só penso em mim mesmo. E quanto ao mandamento supremo que o Senhor Jesus nos ordenou cumprir: "Amarás o teu próximo como a ti mesmo."

É claro que eu não cumpro este mandamento à risca, como eu deveria cumprir; não inteiramente — mas apenas em parte.

E isso é mau e errado, pois o meu amor é falho e não é perfeito. E se o meu amor não é perfeito como deveria ser, eu estou pecando.

Mas eu sei que há pessoas que pensam que são santas e perfeitas, que não precisam se humilhar diante do Senhor nem pedir perdão pelos seus pecados. Eu, porém, te digo: se alguém pensa que não tem pecado, já está pecando só por pensar assim — cuidado com isso.

Porque a nossa carne é cheia de imundícia: *"Eu nasci em iniquidade, e em pecado minha mãe me concebeu."* (Sl 51:5)

(Ou seja, em mim não há nada de bom.)

O que isso quer dizer? Quer dizer que na carne não há nada de bom; isto é, já nascemos inclinados para o mal, por isso não sabemos fazer o bem. E se não sabemos fazer o bem, estamos em pecado.

Por isso Jesus pagou o preço dos nossos pecados; por isso, sem Jesus não há salvação. Mas quando nós nos aproximamos de Jesus pela fé, os nossos pecados são cancelados, porque Ele cravou o corpo do pecado na cruz e assim condenou na carne todo pecado, para que pudéssemos receber o perdão, morrendo para a carne assim como Ele morreu na cruz. Por isso, o meu dever é me humilhar e manter a minha boca no pó — e assim eu farei. *"Daquele que não tinha pecado Deus fez um sacrifício pelo pecado em nosso favor, para que nele fôssemos feitos justiça de Deus. [...] e, apagando a escrita de dívida, que nos era contrária e constava contra nós em seus mandamentos, removeu-a do nosso meio, cravando-a na cruz..."* (2Co 5:21) (Cl 2:14)

Deus fez a parte dele; cabe a nós fazer a nossa. Porque há muito crente mal-intencionado que diz: — *Jesus já pagou o preço dos meus pecados na cruz, eu vivo pela fé, não há mais nada o que fazer.*

Mas eu digo que há, sim, o que fazer: precisamos nos manter íntegros e fiéis, precisamos andar pelas veredas da justiça, da retidão e da piedade. Porque é como está escrito: *"Se continuarmos intencionalmente no pecado, depois de receber o pleno conhecimento da verdade, já não resta mais sacrifício pelos pecados..."* (Hb 10:26)

Sendo assim, sabendo que sou mau e pecador, sabendo que não sou inerrante, continuarei com a boca no pó, me humilhando diante de Deus. Sim, assim me convém me humilhar diante do meu Deus.

Todos os dias hei de me humilhar e me derramar aos pés do meu Salvador, enquanto eu estiver na terra dos viventes, neste corpo de barro encardido, cheio de impurezas e inclinações para o mal.

"Tendo repugnância até da roupa manchada pela carne." (Jd 1:23)

Pois as dores do mundo não são nada em comparação às dores eternas; falo isso com a intenção de te animar a perseverar até o fim.

Porque vai valer a pena perseverar em seguir ao Senhor até o fim, mesmo que para isso tenhamos que passar por muitas tribulações.

Mas o que é esta vida, quando comparada com a vida eterna?

"Para que ninguém fraqueje diante dessas tribulações; porque bem sabeis que fomos destinados para isso." (1Ts 3:3)

Porque Jesus pagou o preço para nos salvar, e nós também temos que pagar o preço para manter essa salvação viva em nossas vidas.

Não se engane: a porta que conduz à vida eterna é estreita, e o caminho para a salvação é apertado. Ninguém conseguirá chegar à Sião pulando e dançando pelo caminho largo e espaçoso, como se estivesse em um desfile de carnaval, pois as mensagens subliminares que o mundo transmite todos os dias podem até parecer bonitas, mas são malignas e conduzem à perdição eterna. Porque Jesus não nos prometeu que a salvação seria algo fácil: *"No mundo tereis tribulações; mas não vos desanimeis! Eu venci o mundo."* (Jo 16:33)

Mas muitos cristãos do século 21 acreditam cegamente que o Reino de Deus é deste mundo. Eu não sei onde aprenderam isso, mas na Palavra de Deus não foi, porque o próprio Senhor Jesus disse:

"O meu reino não é deste mundo. Se o meu reino fosse deste mundo, os meus servos lutariam para que eu não fosse entregue aos judeus. Entretanto, o meu reino não é daqui." (Jo 18:36)

Mas os tais cristãos moderninhos, por causa da cobiça, querem trazer o Reino de Deus para este mundo através de uma nova doutrina chamada de teologia coaching, que vai na contramão dos ensinos do Mestre. Estas almas ricas para o mundo, mas pobres para Deus, só pensam nas coisas desta vida; estão na mesma situação da igreja de Laodiceia. Como está escrito: *"Porque tu dizes: Sou rico, tenho prosperado e nada me falta, mas não sabes que és infeliz, miserável, pobre, cego e nu. Eu te aconselho que compres de mim ouro refinado no fogo, para que te enriqueças; roupas brancas, para que te cubras e a vergonha da tua nudez não seja mostrada; e colírio, para que apliques sobre teus olhos e enxergues."* (Ap 3:17-18)

Mas continuarei com a boca no pó, reconhecendo diante de Deus que sou mau e pecador, e nada de bom tenho feito. Continuarei me humilhando e buscando a salvação, a graça e a misericórdia de Deus; porque estou perdido neste mundo que jaz no maligno, e preciso ser salvo. Está escrito: *"Eu, o SENHOR teu Deus, sou Deus zeloso. Eu castigo os pecados dos pais nos filhos até a terceira e quarta geração daqueles que me rejeitam; mas sou misericordioso com mil gerações dos que me amam e guardam os meus mandamentos."* (Êx 20:5-6)

O que eu aprendo com isso? Eu aprendo que há consequências.

Aprendo que, para aqueles que amam ao Senhor e fazem a Sua vontade, há boas consequências; mas, para aqueles que O rejeitam e não buscam fazer a Sua vontade, há más consequências. Porque Deus é um Deus zeloso, que gosta de ver o nosso zelo por Ele.

Por que será que existem tantos crentes com filhos problemáticos?

Crentes com filhos nas drogas, com filhos psicopatas, com filhos homossexuais, com filhos no mundo da criminalidade, com filhos que estão perdidos pelo mundo e não querem ouvir falar de Deus.

Por que será que isso acontece, se a promessa foi feita:

"Crê no Senhor Jesus, e tu e tua casa sereis salvos." (At 16:31)

Isso acontece por causa dos erros que os próprios pais cometeram, mas nunca se consertaram plenamente com Deus, isto é, em verdade. Isso acontece porque muitos pais não têm sido íntegros e fiéis ao Senhor. Isso acontece porque muitos pais amam mais os filhos do que o próprio Deus. Isso acontece porque muitos zelam apenas pela sua família, mas não são zelosos diante de Deus, nem se preocupam com a família de Deus, que é a igreja e os necessitados.

Porque só Deus conhece o tamanho do nosso egoísmo.

Muitas mães deixam de buscar a Deus para si mesmas e buscam a Deus apenas pelos seus filhos, esquecendo-se de que elas também precisam de Deus. Porque, como poderão dar o que não têm?

Como conseguirão a salvação dos seus filhos, se elas mesmas não estão salvas? Primeiro, precisam buscar ao Senhor e fazer a sua vontade, para depois buscar o seu favor — a salvação da sua família.

É como Jesus disse: *"Tira primeiro a trave do teu olho e, então, verás claramente para tirar o argueiro do olho de teu irmão."* (Mt 7:5)

Para o bom entendedor, meia palavra basta. Mas muitos pais veem as atitudes erradas de seus filhos e fazem vista grossa, em vez de adverti-los e corrigi-los de seus erros, e de se humilhar diante do Senhor, buscando em primeiro lugar a sua própria salvação e o seu próprio conserto com Deus, para que Deus também possa salvar a sua família querida. É honrando ao Senhor que eu serei honrado.

Mas muitos crentes desonram o Senhor com sua falta de zelo, e não se arrependem de sua indiferença; e acabam recebendo as consequências de suas próprias maldades e impiedades. Mas Deus é poderoso e pode salvar a alma perdida, mas a questão é: Será que estamos dispostos a nos humilhar pela salvação dos perdidos?

Se você quer salvar o seu filho, comece a se humilhar agora.

Reconheça os seus erros, as suas maldades e os seus pecados.

Comece a se consertar com Deus agora, coloque a boca no pó e se humilhe, para que as consequências vindouras mudem para melhor.

Eu estou disposto a continuar com a boca no pó.

Pois é assim que devo me portar diante do Santo Deus; visto que conheço e reconheço a minha grande insignificância e pequenez.

Não tenho do que me orgulhar, pois não é tempo de me orgulhar; porque minhas obras não são boas, não são boas o suficiente para Deus. Preciso melhorar e muito, e quero melhorar para o meu Deus.

Como eu já disse antes em outro testemunho, assim direi de novo:

"Aqui diz o homem que era insensato, mas foi curado pelas mãos do Magnífico Deus Excelso — a quem eu adoro em espírito e amo de verdade. Indubitavelmente, sim!"

As consequências são certas, sejam para o bem ou para o mal.

Isso é inevitável — sim, elas virão; por isso, tomarei mais cuidado.

"Que a minha meditação lhe seja agradável; eu me regozijarei no SENHOR." (Sl 104:34)

Que as nossas futuras consequências nos levem ao paraíso.

Se é que você quer mesmo ir para o paraíso, porque há gente que não quer. Mas, se você faz parte do grupo que quer se livrar do inferno, é muito simples: basta crer em Jesus, tomar a sua cruz e negar a si mesmo. Desta forma, nós entraremos pelos portões do paraíso e nos livraremos dos portões tenebrosos e obscuros do inferno. Desta forma, seremos recebidos em nossa morada eterna pelos anjos de Deus. Caso contrário, seremos recebidos por Abadom, o anjo do abismo. Ah, se não fosse pela bondade do Senhor, se não fosse pela sua fidelidade, se não fosse pela sua misericórdia, se não fosse pelo seu amor perfeito, se não fosse pela sua maravilhosa graça — de fato, eu estaria totalmente perdido.

Ah, se não fosse pelo sangue do Cordeiro e pela sua justiça!

O que seria de mim sem o meu Salvador?

Lamento pela minha fraqueza e pela minha insensatez!

Sei que, às vezes, sou ingrato e que fico desanimado dentro desta prisão; mas eu preciso entender que o Senhor está cuidando de mim.

A minha vida pertence ao Senhor. Não tenho para onde ir, sou prisioneiro das correntes do seu amor e da sua justiça, e isso me torna um escravo de Cristo. Pois a minha dívida com Deus é eterna.

Que assim seja. Que não viva eu, mas que Cristo viva em mim.

Continuarei com a boca no pó, até a vinda do meu Salvador.

Continuarei com a boca no pó, para evitar as más consequências.

Porque, enquanto eu for pó, eu continuarei com a boca no pó.

(Sei que estou sendo repetitivo, mas não dá para pregar algo batendo apenas uma vez no prego — é preciso bater muitas vezes.)

Sou um miserável pecador, sou pobre e necessitado, mas, por amor ao meu Deus, suportarei as consequências dos meus erros — não sozinho, mas com a graça de Deus. O que escrevi, escrevi.

Pouco relevante, porém, a minha parte eu fiz; e não fiz pelos homens, nem por mim mesmo — fiz por Deus. *"Graça a vós e paz da parte de Deus, nosso Pai, e do Senhor Jesus Cristo."* (Fp 1:2)

Aqui termina outro testemunho. Graças a Deus.

Continua...